Mit Yoga durch das Grundschuljahr

Petra Proßowsky

Yogaübungen mit Monatsversen und Bewegungsgeschichten für den Anfangsunterricht

Verlag an der Ruhr

Impressum

Titel
Mit Yoga durch das Grundschuljahr.
Yoga-Übungen mit Monatsversen und Bewegungsgeschichten für den Anfangsunterricht

Autorin
Petra Proßowsky

Titelbildmotiv
Dorothee Wolters

Illustrationen
Dorothee Wolters

Druck
AZ Druck und Datentechnik GmbH, Kempten, DE

Verlag an der Ruhr
Mülheim an der Ruhr
www.verlagruhr.de

Geeignet für die Klassen 1–2

ISBN 978-3-8346-2506-9

Inhaltsverzeichnis

Vorwort

„Ich habe den Mond in echt gesehen" ...
Mit diesen Worten begrüßte mich eines Morgens freudig der siebenjährige Hamudi. Am Tag zuvor haben wir eine **Yoga-Geschichte** gespielt mit den Übungen Sonne, Mond, Stern, Sternschnuppe und einen Tanz mit den Übungen für unser Laternenfest geübt.
Für Stadtkinder ist der Bezug zur Natur nicht selbstverständlich, besonders in Ballungsgebieten kennen die Kinder häufig Fernsehhelden oder Figuren aus Computerspielen besser als den Baum vor der Haustür oder die Himmelskörper am Himmel.

Das **Thema Jahreszeiten** eingebunden in **Verse, Gedichte, Lieder** und **Geschichten** mit Übungen, die den Unterricht bereichern, regt die Kinder an, die Natur achtsam zu beobachten, Veränderungen wahrzunehmen und sich selbst als Teil des Ganzen zu betrachten: Ohne Sonne gibt es kein Licht, kein Wachsen und Gedeihen, ohne Regen vertrocknen die Pflanzen und auch wir können ohne Wasser nicht leben. Kinder „blühen" auf, wenn sie mit wachen Augen durch die Welt gehen. Sie erzählen Naturerlebnisse ganz anders als die „Erlebnisse" vom Bildschirm. Sie entwickeln Empathie, wenn sie beobachten, wie die Blumen aufblühen, wie kleine Vögel fliegen lernen, wie Igel im Herbst fleißig nach Nahrung suchen, wenn sie noch zu schwach für den Winterschlaf sind.

In der Rosa-Parks-Grundschule im Berliner Bezirk Kreuzberg haben die Kinder Yoga-Unterricht auf dem Stundenplan und der Schultag wird in den ersten drei Schuljahren mit Elementen aus dem Yoga rhythmisiert. Zweimal im Jahr führen die Yoga-Kinder dort kleine Yoga-Theaterstücke auf. Verse habe ich dort erfolgreich zur Sprachbildung und zur Erweiterung des Sprachschatzes genutzt und dabei friedvolle und entspannende Momente mit den Kindern genossen.

Durch meine **Weiterbildungen und Arbeitskreise zum Thema Kinderyoga** sind die **Verse, Gedichte, Lieder, Tänze** und **Geschichten** zu den Jahreszeiten in viele Schulen eingezogen. Mich erreichen nur positive Rückmeldungen und zahlreiche **Anregungen**, was mit den Versen alles möglich ist:

- So sprachen die Monatsverse mit den Bewegungen aus dem Yoga z. B. auch Pädagoginnen an, die keine Yoga-Erfahrungen haben. Sie hängten einfach die Bildkarten der Yoga-Übungen in den Klassenzimmern an die Wand, sodass die Kinder sie als Morgenritual oder auch mal zwischendurch zum Aufmuntern üben konnten.
- Eine Musikpädagogin hat z. B. einen eigenen Rhythmus für Patsch-Klatsch-Übungen entwickelt und dazu auch Instrumente eingesetzt.
- Zur Sprachförderung und auch in der Arbeit mit Kindern, die geistig behindert sind, haben die Pädagoginnen von erstaunlichen Erfolgen berichtet.
- Das Sommergedicht wurde von einigen Kinderyoga-Trainerinnen als Aufführung für das Sommerfest genutzt.
- Eine Lehrerin berichtete im „Arbeitskreis Kinderyoga" von ihrem Jahreskreis, in dem die Monatsverse wie Tortenstücke zum ganzen Jahr zusammengefügt sind. Das motivierte zwei Lehrerinnen, einen Yoga-Kalender mit den Kindern selbst zu gestalten.

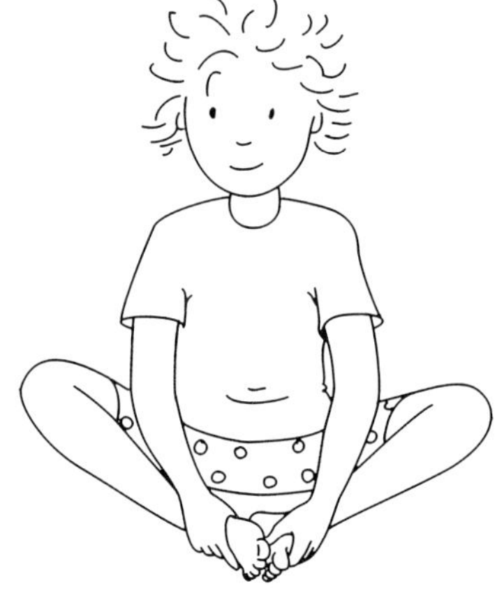

Überlegungen zum Thema

Warum Yoga im Unterricht?

Mittlerweile lernen immer mehr Kinder Yoga-Übungen schon in der Schule kennen. Yoga bietet neben dem reinen Yoga-Unterricht eine wunderbare Möglichkeit, den Schultag bewegungs- und entspannungsfreudig zu gestalten. Das hat viele Vorteile:

- Lernen in Bewegung ist effektiv.
- Inhalte prägen sich leichter ein.
- Die Yoga-Übungen fördern das Gleichgewicht, die Aufrichtung, Stabilität und Kräftigung der Muskeln, Sehnen und Bänder.
- Auf geistiger Ebene wird die Konzentration gefördert, die Wahrnehmung geschult und Achtsamkeit kann sich entwickeln.
- Yoga-Elemente lassen sich leicht in den Unterricht einbauen, sie lockern tägliche Morgenrituale auf und vertiefen (Unterrichts-) Themen.
- Yoga-Elemente „zwischendurch eingesetzt" schaffen gute Lernvoraussetzungen.
- Die Yoga-Übungen in diesem Buch sind einfach und können gut im Klassenraum ausgeführt werden.

Die Verknüpfung von Yoga und dem Thema Jahreszeiten

Die Verknüpfung von Yoga und dem Thema Jahreszeiten eignet sich hervorragend für die fächerübergreifende Arbeit.
Sie können die **Yoga-Verse, -Gedichte, -Tänze, -Lieder** und **-Geschichten** als eigenständige Lerneinheit nutzen, andere Lerneinheiten damit ergänzen, aber auch Lernphasen damit unterbrechen und mit Bewegungen die nötige Konzentration und Achtsamkeit wieder wachrufen.

Wird das ganze Jahr durch Monatsverse in vier Jahreszeiten und 12 Monate aufgeteilt, haben die Kinder zahlreiche Gelegenheiten für Beobachtungen und nehmen vielfältige Veränderungen der Natur wahr. Dies schafft z. B. immer wieder unterschiedliche Gesprächs- und Schreibanlässe, die Sie für Ihren **Deutsch-** und **Sachunterricht** nutzen können:
Im **Deutschunterricht** üben die Kinder das Lesen und Auswendiglernen mit jedem Monatsvers oder Gedicht. Sie können die Kinder anregen, eigene Gedichte und Geschichten zu den jeweiligen Jahreszeiten zu schreiben oder zu den Yoga-Übungen die richtigen Artikel finden lassen: die Blume, der Baum, der Vogel, das Blatt …
Das Thema Jahreszeiten beeinflusst auch andere Fächer, wie **Kunst, Musik** und es fließt durch entsprechende Spiele auch in den **Sportunterricht** sowie den **Freizeitbereich** ein.
Im **Kunstunterricht** können Sie die künstlerische Ausgestaltung der Geschichten und Gedichte anleiten und im **Musikunterricht** die Verse und Gedichte mit Instrumenten begleiten, sowie in rhythmische Bewegungen und Tanz umsetzen.

Stopptanzvariationen und Spiele wie „Vereisen" oder „Versteinern" können mit Yoga-Übungen in den **Sportunterricht** einfließen. Auch Bewegungsabläufe mit den Yoga-Übungen bereichern den Sportunterricht als Vorbereitung für Wettkämpfe oder Entspannungsübungen nach anstrengenden sportlichen Aktivitäten.

Grundsätze für den Yoga-Unterricht

Erwachsene üben anders Yoga als Kinder. Kinder sind im Aufbau, sie wachsen, das Knochengewebe ist noch elastisch, die Gelenke sind bis zur Verknöcherung noch instabil und dürfen nur leicht belastet werden. **Atem und Bewegungen** können die Kinder bis zur Pubertät noch nicht miteinander koordinieren. Bitte greifen Sie nicht ins Atemgeschehen der Kinder ein.

Überlegungen zum Thema

Günstig zur Wahrnehmung und Kräftigung des Atems sind Spiele wie: imaginär den Wind nachahmen, Blätter tanzen lassen, und Yoga-Übungen mit Tönen, wie „A", „O" bei der Vogelübung, „Quak" beim Frosch, „Miau" und „Mio" bei der Katze, oder „MMMMM", wenn die Biene summt. Mit den Bewegungsabläufen, wie sie in den Versen gegeben sind, unterstützen Sie kindgemäßes Yogaüben.

Beim **Einführen, Festigen und Wiederholen** der Yoga-Übungen sind Spiele mit Bildkarten günstig. Achten Sie darauf, dass die Kinder die Übungen mit **Leichtigkeit** ausführen. Leistungsdruck hat nichts mit Yoga zu tun. Jedes Kind macht die Übung, so gut es kann, und achtet darauf, dass es sich wohlfühlt in der Haltung. In der Yoga-Lehre wird der Körper mit einem exakt gestimmten Instrument verglichen.
Die Yoga-Übungen sollten den Körper in eine stabile und feste Position bringen, aber immer gepaart mit Leichtigkeit. Ein verkrampftes Gesicht oder hochgezogene Schultern sind ein Zeichen dafür, dass diese Leichtigkeit fehlt.
Eine „schlappe" Haltung mit nach vorn hängenden Schultern und müdem Gesichtsausdruck zeigt an, dass noch etwas Anspannung fehlt. Sollten Kinder Probleme in diesem Bereich haben, können Sie bei einigen Übungen auf leichtere Varianten zurückgreifen: Die Übung Igel (S. 77/78) ist in drei Varianten, die Übung Hase (S. 75) in zwei Übungsformen beschrieben, sodass Kinder diese Yoga-Übungen auf dem Stuhl bzw. aus dem Stand heraus einnehmen können.

Ähnlich dazu lassen sich die Übungen Schlange (S. 82) und Katze (S. 78) auch auf dem Stuhl ausführen, indem die Kinder bei der Schlangenübung die Unterarme auf die Oberschenkel legen, das Brustbein nach vorn oben dehnen und dabei zischen. Bei der Katzenübung legen sie die Handflächen fest auf die Oberschenkel und bewegen die Wirbelsäule abwechselnd in die Hohlstellung und in den Katzenbuckel.

Führen Sie die Kinder liebevoll zur **guten Haltung**, ohne Leistungsdruck, sondern mit der Motivation, sich stark und kraftvoll zu fühlen wie ein Baum, hell und warm wie die Sonne, frei und leicht wie ein Vogel, mutig und stark wie ein Löwe.

Wundern Sie sich nicht, wenn die Yoga-Übungen anfangs recht unterschiedlich bei den Kindern aussehen. Es gibt Kinder, die sofort wissen, worauf es ankommt, eine gute Wahrnehmung haben und die Übungen genau umsetzen können. Andere Kinder lernen die Ausführung der Übungen nach einiger Zeit des Übens. Manche Kinder aber brauchen mehr Zeit. Ihre Wahrnehmungsfähigkeit ist weniger ausgeprägt. Ich habe in manchen Situationen schon mal irritiert an mir heruntergeschaut, um festzustellen, ob ich auch die richtige Position vormache. Aus dieser Erfahrung heraus kann ich Ihnen nur raten, **geduldig** zu sein. Meist staunen Sie nach einiger Zeit, dass die Kinder plötzlich in der gewünschten Position stehen, ohne dass Sie kritisiert oder korrigiert haben. Die Kinder mit den „originellen" Wahrnehmungsmustern reagieren schnell enttäuscht und entmutigt bei Kritik. Sie machen ja, was sie können. Kleine mitfühlende und liebevolle Hilfestellungen im richtigen Moment helfen ihnen am effektivsten. Nebenbei brauchen diese Kinder Wahrnehmungsübungen, Schulung der Sinne und koordinierende Körperübungen. Dann kommen die Erfolgserlebnisse in allen Bereichen von ganz allein!

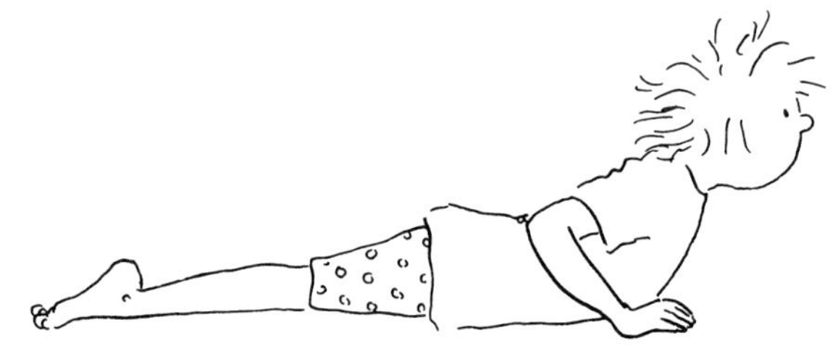

Didaktisch-methodische Hinweise

Im Buch finden Sie:

- **Yoga-Spiele** zur Erlernen und Festigen der Yoga-Übungen,
- passend **zu jeder Jahreszeit**:
  - ✓ 3 Monatsverse,
  - ✓ 1 Kopiervorlage zu den Monatsversen,
  - ✓ 3 Monatstänze,
  - ✓ 1 Jahreszeiten-Gedicht und die passende Rückenmassage,
  - ✓ 1 Jahreszeiten-Geschichte und die dazu passende Entspannungsgeschichte,
  - ✓ 1 Jahreszeiten-Ritual (Tanz, Übung etc.)
- **Frage**- und **Aufgabenkarten**,
- **Bildkarten** mit Yoga-Übungen passend zum Thema Jahreszeiten,
- 1 **Jahreszeiten-Rap**

Zur Einführung und Festigung der Übungen

Die Yoga-Übungen sind die Grundlage für alle hier vorgestellten Monatsverse, -tänze, -Gedichte und Geschichten. Daher ist es wichtig, dass die Kinder sie sicher beherrschen. Für die Einführung und Festigung hat sich folgende Vorgehensweise bewährt:

- Führen Sie die Yoga-Übungen, die Sie nutzen, nach und nach ein.
- Als Grundlage dienen die **Bildkarten**, auf denen die korrekte Körperhaltung und der dazugehörige Sprechvers abgebildet sind.
- Lesen Sie den Sprechvers Zeile für Zeile vor.
- Lassen Sie die Zeilen von den Kindern nachsprechen.
- Führen Sie dabei gemeinsam mit den Kindern die Bewegungen aus.
- Wiederholen Sie den Vers noch ein- oder zweimal.
- Hängen Sie die Bildkarten der Yoga-Übungen im Klassenraum auf.
- Geben Sie den Kindern die Sprechverse mit Abbildungen auch zum Üben für ihren Hefter.
- Besonders jüngere Kinder lieben es, die Abbildungen auf den Bildkarten auszumalen und auszuschmücken. Dabei setzen sie sich mit der Körperstellung auseinander und lernen ganz unbewusst, wie sie die Haltung nachstellen können. Nutzen Sie für Ausmalarbeiten Kopien von den Karten, oder ermutigen Sie die Kinder, die Figur von einer Karte abzuzeichnen.
- Lassen Sie am nächsten Tag ein Kind den Text vorsprechen.
- Wiederholen Sie das Vor- und Nachsprechen mit dem Ausführen der Bewegungen so lange, bis alle den Text sprechen können.
- Kinder lernen die Yoga-Übungen in der Regel sehr schnell. Anfangs lieben sie Wiederholungen, doch schon nach kurzer Zeit brauchen sie neue Herausforderungen. Dann können sie die Übungen mit einem Partner gemeinsam ausführen. Dabei lernen sie, ihre Wahrnehmung zu erweitern. Sie konzentrieren sich auf ihren Körper und den des Partners. Die Übung wird gut, wenn sie beide miteinander harmonisieren. Sie können die Kinder später auch ermutigen einen Monatsvers gemeinsam auszuführen, oder gemeinsam einen eigenen Ablauf zur entsprechenden Jahreszeit zu finden.

Auf den Seiten 11–14 stelle ich Ihnen einige **Yoga-Spiele** vor, mit denen Sie die Kinder spielerisch mit Yoga-Übungen vertraut machen oder bereits bekannte Übungen festigen können. Dabei wecken Sie die Aufmerksamkeit, Achtsamkeit, Konzentration und Bewegungsfreude der Kinder. Die Spiele unterstützen die Freude daran, weitere Yoga-Übungen zu erlernen.

Didaktisch-methodische Hinweise

Mithilfe der **Bildkarten** und **Yoga-Spiele** können Sie nun gezielt die Yoga-Übungen für die Monatsverse, -Tänze, -Gedichte und -Geschichten einführen. Das **Ziel** sollte dabei immer sein, dass die Kinder erkennen, welche Yoga-Übungen in den Monatsversen, -tänzen, Gedichten und Geschichten vorkommen und wie sie Text und Bewegungen koordinieren können. Durch das Lernen der Texte in Verbindung mit den Yoga-Übungen bekommen die Kinder mit der Zeit Sicherheit in der Ausführung der Yoga-Übungen. Wiederholungen festigen die Texte und das Koordinieren von Sprache und Bewegung.

Monatsverse

Die Monatsverse beschreiben kurz einige Merkmale und Veränderungen, die die Kinder im jeweiligen Monat beobachten können.
Sie lernen die Monatsverse recht schnell, wenn sie die entsprechenden Yoga-Übungen dazu machen.
Zur **Einführung** des jeweiligen Monatsverses habe ich gute Erfahrungen gemacht, wenn ich Zeile für Zeile vorspreche und die Kinder sie mir nachsprechen. Entsprechend führen wir gemeinsam die enthaltenen Yoga-Übungen aus. Ist der Monatsvers bekannt, können Sie auch ein Kind ermutigen, die Zeilen vorzusprechen. Sie können den Monatsvers aber auch vorlesen und die Kinder fragen, welche Yoga-Übungen bzw. wie viele sie erkannt haben.
Zur **Vertiefung** der Monatsverse ist das Sprechen im sogenannten „Patsch-Klatsch-Rhythmus" beliebt. Suchen Sie je nach Alter und rhythmischem Gefühl der Kinder einen geeigneten Rhythmus aus. Die von mir vorgeschlagenen Rhythmen sind nur als Anregung gedacht.
Üben Sie das rhythmische Patschen und Klatschen oder auch Stampfen und begleiten es anschließend mit dem Sprechen des Verses.
Nach einiger Übungserfahrung können Sie das Sprechen, Patschen und Klatschen auch in zwei Gruppen üben. Eine Gruppe macht die Yoga-Übungen, die andere Gruppe gibt mit dem rhythmischen Klatschen, Patschen und Sprechen den Rhythmus vor. So wird die Arbeit mit den Versen nie langweilig.

Die **Kopiervorlagen zu den Monatsversen** (S. 16, 28, 40, 52) können Sie im Klassenraum aufhängen und den Kindern zusätzlich als Kopie für ihren Yoga-Ordner austeilen. So unterstützen die Kopiervorlagen das Lernen in der Gruppe, z. B. den Monatsvers gemeinsam mit den Bewegungen auszuführen, oder in Gruppenarbeit Aufgabenkarten (siehe S. 70) zu lösen.

Gedichte

Die Gedichte zu den Jahreszeiten sowie die Monatsverse können Sie auch dann leicht in Bewegung umsetzen, wenn Sie keine Yoga-Erfahrungen haben. Ich habe die Übungen so ausgewählt, dass die Kinder sie im Klassenraum ausführen können und ihnen der Wechsel der Jahreszeiten deutlich wird. Die Wahrnehmung der Kinder wird für die Veränderungen und auf die typischen Merkmale der jeweiligen Jahreszeit gerichtet.
Sowohl die Gedichte als auch die kurzen Monatsverse zu den Jahreszeiten haben den Vorteil, dass die Kinder neben gesundheitsfördernden Bewegungen gleichzeitig Texte erlernen, die ihre Beobachtungsfähigkeit, Merkfähigkeit und das Wissen vom Jahreskreis vertiefen.

Didaktisch-methodische Hinweise

Rückenmassage

Durch gegenseitiges Massieren entspannen sich die Kinder. Sie intensivieren ihr Einfühlungsvermögen in das Partnerkind und die Erfahrung, sich gegenseitig etwas Gutes zu tun. Wenn Sie mit den Kindern Massagen üben, verbessert sich das Miteinander. Nutzen Sie die Texte der Monatsverse und Gedichte für eine Rückenmassage, können Sie das Erlernen der Texte vertiefen.
Wichtig ist, dass Sie eine entspannte Atmosphäre herstellen, in der die Kinder üben können. Entspannungsmusik und eine bequeme Unterlage (Decken oder Yoga-Matten) schaffen eine solche „Wohlfühl-Atmosphäre".

Gruppenmassage

So geht's:

1) Die Kinder knien im Kreis, drehen sich alle nach rechts, setzen sich auf die Fersen und legen die Hände auf den Rücken des Kindes, das nun vor ihnen sitzt. Eventuell müssen die Kinder etwas näher zusammenrutschen.
2) Sie sprechen den Text vor und zeigen die Massagebewegungen.
3) Die Kinder sprechen den Text nach und führen die Bewegungen auf dem Rücken des vor ihnen sitzenden Kindes aus.
4) Zum Schluss drehen sich alle Kinder um und massieren die Kinder, von denen sie massiert wurden.

Partnermassage

So geht's:

1) Jedes Kind sucht sich ein Kind als Massagepartner aus.
2) Die Kinder besprechen leise, wer zuerst massiert.
3) Das andere Kind begibt sich in eine bequeme Position. Im Klassenraum könnte es z. B. den Kopf auf den Tisch legen. Sind Decken oder Matten vorhanden, legt es sich bequem auf die Decke/Matte.
4) Das andere Kind setzt oder stellt sich hinter das Kind.
5) Sie sprechen den Text und machen die Massagebewegungen vor, entweder bei einem Kind oder in der Luft.
6) Zum Schluss bedankt sich das massierte Kind und massiert dann das Partnerkind auf gleiche Weise.

Da Kinder Massageübungen unterschiedlich wahrnehmen, ist es wichtig, dass Sie **Regeln** besprechen und diese, wenn nötig, vor jeder Massage wiederholen. In manchen Klassen und Gruppen reicht es, die Regeln einmal zu besprechen. Es gibt aber Klassen, in denen die Regeln schnell wieder vergessen werden und manche Kinder immer neue störende Muster finden, um die Regeln zu brechen. Durch konsequentes Einhalten der Regeln mit liebevollen, aber bestimmten Anweisungen erreichen Sie, dass die Rückenmassagen nach kurzer Zeit für alle Kinder ein Genuss sind und immer wieder eingefordert werden.

Wichtige Regeln für die Rückenmassage

- Die Massage soll guttun.
- Die Wirbelsäule wird achtsam massiert.
- Wer etwas nicht mag, kann es leise dem Partner sagen, ohne die anderen Kinder zu stören.
- Der Wunsch wird berücksichtigt.
- Nach jeder Massage bedanken sich die Kinder untereinander.

Yoga-Spiele

Spiel 1: **Aufdecken bitte!**

Material:
Bildkarten (S. 71 – 87), blickdichtes Tuch

Darum geht's:
Dieses Spiel dient dazu, die verschiedenen Yoga-Übungen kennenzulernen und entsprechend zuzuordnen. Das Spiel können Sie universell einsetzen, d. h. zur Einführung der Monatsverse, der Jahreszeiten-Gedichte oder -Geschichten.

So geht's:
Legen Sie diejenigen Bildkarten, die zum Gedicht, Monatsvers oder zur Geschichte passen unter ein blickdichtes Tuch.
Ein Kind beginnt. Es greift unter das Tuch, holt eine Bildkarte hervor und schaut sich die Abbildung an. Es benennt die Übung und macht sie vor. Die anderen Kinder stellen die Übung nach. Danach sucht sich das Kind, das die Karte aufgedeckt hat, ein anderes Kind aus, das die nächste Bildkarte unter dem Tuch hervorholt usw. So wird das Spiel fortgesetzt, bis alle Karten aufgedeckt und nachgestellt wurden.

Spiel 2: **Yoga-Box**

Material:
Bildkarten (S. 71 – 87) Schuhkarton, buntes Papier, Kleber oder Tacker, Schere, Stoff

Darum geht's:
Die Kinder lernen mit diesem Spiel verschiedene Yoga-Übungen kennen und entsprechend zuzuordnen. Sie können das Spiel nutzen, um Monatsverse, Jahreszeiten-Gedichten oder -Geschichten einzuführen und zu vertiefen. Dieses Spiel eignet sich gut für Ihre Freiarbeitsecke!

So geht's:
Bekleben Sie einen Schuhkarton mit buntem Papier und schreiben Sie „Yoga-Box" darauf. Schneiden Sie in den Deckel ein Loch, so groß, dass eine Hand hineinpasst. Verdecken Sie das Loch von innen mit Stoff und zwar so, dass die Kinder mit einer Hand hindurchgreifen, aber nicht hineinsehen können.
Den Stoff befestigen Sie durch Kleben oder Tackern. Füllen Sie die Yoga-Box mit den Bildkarten, die Sie für den Vers, das Gedicht oder die Geschichten brauchen. Ein Kind beginnt und holt eine Karte aus der Box heraus. Es benennt die Yoga-Übung und stellt sie vor. Die anderen Kinder stellen die Übung nach und benennen sie auch. Das Kind, das diese Karte aus der Yoga-Box gezogen hat, wählt ein anderes Kind aus, das nun eine neue Karte zieht und so das Spiel fortsetzt. Sind alle Karten aus der Yoga-Box geholt, lernen die Kinder den Vers, das Gedicht oder die Geschichte.

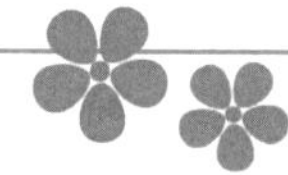

Spiel 3: **Yoga-Stopptanz**

Material:
Bildkarten (S. 71 – 87), CD-Player, CD mit geeigneter Musik, z. B. Percussion Musik

Darum geht's:
Mit diesem Spiel können Sie die Yoga-Übungen wiederholen, festigen und die Aufmerksamkeit steigern.

So geht's:
Sie spielen Musik ein. Die Kinder tanzen nach der Musik durch den Raum. Bei Musikstopp zeigen Sie eine Bildkarte hoch und alle Kinder versteinern in der abgebildeten Yoga-Übung. Setzt die Musik wieder ein, tanzen die Kinder weiter. Beim nächsten Musikstopp zeigen Sie eine andere Bildkarte hoch usw.
Im Winter können die Kinder bei Musikstopp in der angezeigten Position „vereisen".

Spiel 4: **Yoga-Detektive**

Material:
Bildkarten (S. 71–87), Fragekarten (S. 66–68), CD-Player, CD mit geeigneter Musik, z. B. „Air" von J. S. Bach

Darum geht's:
Mit diesen Übungsspielen können Sie die Yoga-Übungen wiederholen und festigen, sobald den Kindern die Yoga-Übungen für das Gedicht, den Vers oder die Geschichte bekannt sind. Die Kinder lernen, sich achtsam auf die Übungen zu konzentrieren.

So geht's:
Befestigen Sie im Klassenraum verteilt einige Bildkarten mit Yoga-Übungen an der Wand. Die Abbildungen sollten für alle Kinder gut zu sehen sein.

1. Die Kinder bewegen sich nach der Musik leise durch den Raum. Bei Musikstopp benennen Sie eine Yoga-Übung und alle Kinder wenden sich der Abbildung zu, auf der sie die Übung sehen. Bestimmen Sie für den nächsten Durchgang ein Kind, das eine Übung benennt, die die anderen Kinder suchen müssen usw.
2. Die Kinder bewegen sich leise zur Musik im Raum. Bei Musikstopp bleiben die Kinder stehen. Sie lesen eine Frage (siehe Fragekarten) vor. Die Kinder drehen ihren Körper in die Richtung, in der die Karte mit der richtigen Abbildung hängt und zeigen mit dem Finger in die Richtung der Karte. Beim nächsten Musikstopp lesen Sie die nächste Frage vor oder Sie bestimmen ein Kind, das die nächste Frage lesen darf.

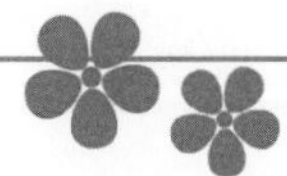

Spiel 5: **Frage- und Antwort-Spiel**

Material:
Bildkarten (S. 71–87), Fragekarten (S. 66–69)

Darum geht's:
Die Kinder verfestigen ihr Wissen um die Yoga-Übungen. Sie lernen, die Stellungen exakter auszuführen und bekommen mehr Sicherheit. Das Spiel fördert auch das Gemeinschaftsgefühl und die gegenseitige Wahrnehmung.

So geht's:
Die Kinder bilden zwei Gruppen. Eine Gruppe bekommt Fragekarten (Fragegruppe), die andere Gruppe bekommt die den Fragen entsprechenden Bildkarten (Antwortgruppe). Ein Kind aus der Fragegruppe beginnt das Spiel und liest die Frage vor. Das Kind aus der Antwortgruppe, das die entsprechende Bildkarte hat, stellt die Übung dar. Nun ist das nächste Kind aus der Fragegruppe an der Reihe. Sind alle Fragen beantwortet, finden sich die Kinder zusammen, deren Karten zusammen gehören und überlegen, wie sie die Übung als Partnerübung ausführen können. Zum Schluss zeigen sich die Paare gegenseitig ihre Partnerübung.

Spiel 6: **Würfelspiel**

Material:
Bildkarten (S. 71–87), Würfel mit Zahlen oder Punkten, Paketband, Wäscheklammern aus Holz, eine Wäscheleine, ein buntes Tuch, Zahlenkarten (S. 70)

Darum geht's:
Die Kinder ordnen Yoga-Übungen Zahlen zu. Sie konzentrieren sich auf die Übungen und verfestigen gleichzeitig die Zahlen 1–6. Sie können das Spiel so zur Einführung der Yoga-Übungen nutzen.

So geht's:
Schreiben Sie die Zahlen 1–6 auf die Wäscheklammern. Ordnen Sie den Yoga-Übungen Zahlen zu z. B.: 1 – Baum; 2 – Blume; 3 – Vogel; 4 – Biene; 5 – Sonne; 6 – Storch

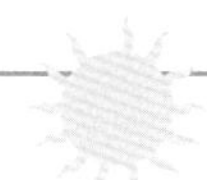

Befestigen Sie die Bildkarten mit Wäscheklammern an der Wäscheleine und hängen Sie sie an die Wand oder Tafel.
Die Kinder sitzen im Kreis. In der Kreismitte liegt ein buntes Tuch. Auf dem Tuch liegen verteilt die Zahlenkarten 1–6. Ein Kind beginnt das Spiel. Es würfelt und sucht sich, passend zur gewürfelten Zahl, die entsprechende Übung aus. Es löst die Karte von der Klammer und legt sie auf das Tuch zu der entsprechenden Zahlenkarte, benennt die Übung und macht sie vor. Die anderen Kinder stellen die Übung nach. Das Kind sucht ein anderes Kind aus, das würfelt und so das Spiel fortsetzt. Das Spiel ist beendet, wenn alle Karten auf dem Tuch liegen. Würfelt ein Kind eine Zahl, deren Bildkarte schon auf dem Tuch liegt, bilden die Kinder Paare und machen die Übung als Partnerübung.

Spiel 7: **Flaschendrehen**

Material:
Bildkarten (S. 71–87), leere Plastikflasche, eine kleine Decke oder ein Tuch

Darum geht's:
Auf spielerische Weise verfestigen die Kinder die Yoga-Übungen. Das Spiel eignet sich zur Einführung der Monatsverse, Gedichte, Geschichten, aber auch für die Freiarbeit.

So geht's:
Die Kinder sitzen im Kreis. In der Kreismitte liegt ein Tuch oder eine kleine Decke. Legen Sie einige Bildkarten kreisförmig und verdeckt auf das Tuch. Ein Kind beginnt das Spiel und dreht die Flasche. Es deckt die Karte auf, auf die der Flaschenhals zeigt, benennt die Übung und macht sie vor.
Die anderen Kinder „kontrollieren" und machen die Übung nach. Nun bestimmt das vormachende Kind ein neues Kind, das das Spiel in gleicher Weise fortsetzt.

Variation für yogaerfahrene Kinder:
Das Kind deckt die Karte auf, auf die der Flaschenhals gerichtet ist und stellt den anderen Kindern eine Frage zur Yoga-Übung. Hat es beispielsweise die Übung „Sonne" aufgedeckt, sagt es: „Ich bin ein Himmelskörper. Ohne mich wäre es immer dunkel".

Spiel 8: **Geschichten finden**

Material:
Bildkarten (S. 71–87)

Darum geht's:
Mit diesem Spiel ermutigen Sie die Kinder, sich sprachlich auszudrücken und gemeinsam etwas Neues entstehen zu lassen. Die Kinder entwickeln gemeinsam eine Geschichte mit ihren Yoga-Übungen. Sie lernen, sich in ihren Stärken und Schwächen zu respektieren und gemeinsam friedlich zu lernen.
Sie lernen, sich abzusprechen und zu ergänzen.

So geht's:
Die Kinder bilden kleine Gruppen, mindestens ein Kind muss schreiben können. Jedes Kind bekommt eine Bildkarte. Gemeinsam stellen sie sich in der Gruppe ihre Yoga-Übungen vor und denken sich eine kleine Geschichte dazu aus.
Ein Kind schreibt die Geschichte auf. Je nach der zur Verfügung stehenden Zeit stellen die Kinder ihre Geschichte im Anschluss oder am nächsten Tag vor.
Alle Kinder führen dabei die Yoga-Übungen aus.

Frühling

Monate:
März, April, Mai

Der Baum bekommt im Frühling neue Blätter und Blüten, die Sonne steht wieder höher, sodass die Tage länger werden. Vögel singen Morgenlieder, bauen Nester und brüten. Einige kehren aus südlichen Ländern zurück. Die Blumen keimen, wachsen und entfalten ihre Blütenblätter. Bienen und Schmetterlinge freuen sich über die Blumen und trinken den Nektar. Frösche hüpfen durch das Gras. An Gewässern sind lautstarke Froschkonzerte zu hören. Kraniche und Störche kehren aus den südlichen Ländern zurück. Hasen toben über die Felder und Wiesen. Die Natur erwacht.

Zu all diesen Begebenheiten und Veränderungen passen folgende Yoga-Übungen:

- Affengruß (S. 71)
- Affentanz (S. 71)
- Baum (S. 72)
- Biene (S. 72)
- Blume (S. 73)
- Frosch 1 (S. 74)
- Frosch 2 (S. 74)
- Knospe (S. 79)
- Kranich (S. 79)
- Lotusblume (S. 80)
- Schmetterling (S. 83)
- Sonne (S. 83)
- Storch (S. 86)
- Vogel 1 (S. 86)
- Vogel 2 (S. 87)

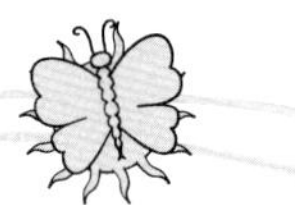

Monatsverse zum Frühling

Lernziele:

- Die Kinder werden angeregt, die Natur zu beobachten.
- Sie lernen die Koordination von Sprache und Klatsch-Rhythmus.
- Sie führen die Übungen beim Sprechen der Verse aus.
- Sie schulen ihre Konzentration und Achtsamkeit.
- Sie erlangen mehr Sicherheit, das Gleichgewicht zu halten.
- Sie vertiefen ihre Atmung.
- Sie kräftigen und dehnen den Körper.
- Sie mobilisieren die Hüften, Handgelenke, Schultergelenke und die Finger.
- Sie dehnen die Leisten und Hüften.

Monatsverse zum **Frühling**

Name: ______________________________

Welche Übungen hast du in dem Monatsvers erkannt?	
Welche Übung gefällt dir besonders gut? Warum?	
Wie heißen die Monate im Frühling?	

ISBN 978-3-8346-2506-9 | www.verlagruhr.de

Der Monat März

 Monatsvers mit Bewegung

Material:
Bildkarten: Sonne (S. 83), Vogel 1 (S. 86), Baum (S. 72), Knospe (S. 79) und Lotusblume (S. 80)

Darum geht's:
Die Kinder lernen den Text und führen die Yoga-Übungen aus.

So geht's:
Führen Sie die Yoga-Übungen mit Bildkarten und einem Spiel ein, z. B. „Aufdecken bitte!" (S. 12). Sie sprechen den Vers Zeile für Zeile vor. Dabei führen die Kinder die genannten Yoga-Übungen aus. Beginnen Sie den Vers erneut und ermutigen Sie die Kinder, die Zeilen nachzusprechen. Dabei führen Sie gemeinsam mit den Kindern die Übungen aus. Wiederholen Sie den Vers noch einige Male.

Sprechvers	Bewegungen
Im März gibt es mehr **Sonnen**schein.	Stehe aufrecht und gehe in die Übung Sonne.
Die **Vögel** müssen fleißig sein.	Stelle die Füße wieder nebeneinander, führe die Arme auf Schulterhöhe nach vorn, lege die Handflächen aneinander und mache dreimal die Übung Vogel 1.
Sie bauen Nester in den **Baum**.	Gehe in die Baumübung auf dem linken Standbein.
Knospen sprießen, du glaubst es kaum.	Gehe in die Baumübung auf dem rechten Standbein. Forme mit den Händen eine Knospe und halte sie über den Kopf.
Und wenn wir auf die Wiese gehen,	Beschreibe einen Armkreis und lege die Handflächen vor der Brust aneinander.
können wir bunte **Blumen** sehen.	Löse die Zeige-, Mittel- und Ringfinger voneinander und dehne sie nach außen.

Vers im Klatsch-Patsch-Rhythmus:
Patsche die rechte Hand auf den rechten Oberschenkel, dann die linke Hand auf den linken Oberschenkel und klatsche zweimal in die Hände: patsch, patsch, klatsch, klatsch. Sprich dazu den Verstext.

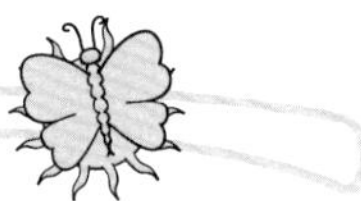

Tanz im März

Material:

- Bildkarten: Vogel 1 und Vogel 2 (S. 86/87), Baum (S. 72), Sonne (S. 83), Blume (S. 73)
- Chiffontücher in verschiedenen Farben
- CD-Player
- Musikvorschlag: „The Wind That Shakes The Barley" von Loreena McKennitt

Darum geht's:

Die Kinder stellen das Erwachen der Natur im Frühling durch Bewegungen nach Musik dar. Sie fliegen wie Vögel, stehen wie ein Baum oder tanzen wie Sonnenstrahlen der Frühlingssonne. Das Aufblühen der Blumen zeigen sie bei Musikstopp durch das achtsame Entfalten der Blume mit den Fingern, wobei sich das in den Händen gehaltene Chiffontuch zu einer Blume entwickelt.

So geht's:

Befestigen Sie die Bildkarten gut sichtbar an der Tafel oder an einer Pinnwand.
Die Kinder bewegen sich leise nach der Musik im Raum und schwingen dabei bunte Chiffontücher. Sie können fliegen wie die Vögel, tanzen wie ein Baum oder wie das Sonnenlicht. Bei Musikstopp nehmen sie die Tücher zwischen ihre Hände, lösen langsam die Finger voneinander, nur die Daumen und kleinen Finger behalten Kontakt. So kann sich aus dem Tuch eine Blüte entfalten. Das ist eine Variation der Übung Blume.

Der Monat April

Monatsvers mit Bewegung

Material:

- Bildkarten: Sonne (S. 83), Baum (S. 72), Blume (S. 73)

Darum geht's:

Die Kinder lernen den Verstext und führen die im Text enthaltenen Yoga-Übungen aus.

So geht's:

Sprechen Sie den Vers vor. Die Kinder zählen dabei mit, wie viele Yoga-Übungen im Text vorkommen.
Üben Sie mit den Kindern den „Stampf-Klatsch-Rhythmus" für die erste Zeile und die Bewegungen für den Regen und Sturm in der zweiten Zeile.
Sprechen Sie den Vers wieder vor und führen Sie gemeinsam mit den Kindern die Bewegungen aus.
Beginnen Sie den Vers von vorn und wiederholen Sie ihn noch einige Male.

Sprechvers	Bewegungen
Der April macht was er will.	Im Stampf-Klatsch-Rhythmus: stampf, stampf, klatsch, klatsch.
Es regnet, stürmt, dann ist es still.	Hebe die Arme nach oben, bewege sie hin und her, senke die Arme und bewege dabei die Finger.
Am **Baum** wachsen grüne Blätter.	Gehe in die Übung Baum auf dem linken Standbein.
Manchmal gibt es schönes Wetter.	Gehe in die Übung Baum auf dem rechten Standbein.
Blumen blühen im **Sonnen**schein,	Forme mit den Händen eine Blume, strecke die Arme nach oben, spreize die Finger und grätsche die Beine.
dann kann es noch mal eiskalt sein.	Senke die Arme und lege die Hände kreuzweise auf die Schultern.

Vers im Stampf-Klatsch-Rhythmus:
Stampfe mit dem rechten Fuß auf den Boden, stampfe mit dem linken Fuß auf den Boden, klatsche zweimal in die Hände: stampf, stampf, klatsch, klatsch. Sprich dazu den Verstext.

Tanz im April

Material:
- Bildkarten: Sonne (S. 83), Baum (S. 72), Blume (S. 73)
- Chiffontücher in hellen und dunklen Farben
- CD-Player
- Musikstück in dem sich helle und dunkle Töne abwechseln. Musikvorschlag: „Froschkönig" von der CD aus dem Buch „Yoga mit Rotkäppchen & Co", Auer Verlag

Darum geht's:
Die Kinder stellen den Monat April mit seinen typischen Merkmalen durch tänzerische Bewegungen dar. Sie lernen, genau auf die Veränderung in der Musik zu hören und ihre Bewegungen darauf abzustimmen. Wichtig ist der achtsame Umgang miteinander.

So geht's:
Teilen Sie die Kinder in zwei Gruppen ein. Eine Gruppe tanzt den Frühling, der kommen will, und bekommt Tücher mit hellen, leuchtenden Farben. Die andere Gruppe tanzt den Winter, der noch nicht gehen will, und bekommt Tücher mit dunklen Farben.
Stellen Sie die CD an. Ertönen die hohen Töne, tanzen die Kinder mit den Tüchern in heller Farbe. Ertönen die dunklen Klänge, tanzen die Kinder mit den Tüchern in dunkler Farbe.
Ohne zu sprechen und ohne die anderen Kinder zu berühren, versuchen die Kinder, die gerade nicht tanzen, die tanzenden Kinder durch Bewegungen, Mimik und Gestik zu vertreiben. Bei diesem Tanz ist es wichtig, dass die Kinder nicht sprechen und sich ganz auf die Musik konzentrieren, damit sie den Aktionswechsel mitbekommen.

Der Monat Mai

 Monatsvers mit Bewegung

Material:

◎ Bildkarten: Blume (S. 73), Biene (S. 72), Baum (S. 72), Sonne (S. 83), Vogel 1 und Vogel 2 (S. 86/87)

Darum geht's:

Die Kinder lernen den Text des Monatsverses und begleiten ihn mit entsprechenden Bewegungen.

So geht's:

Sprechen Sie den Vers vor. Die Kinder zählen dabei mit, wie viele Yoga-Übungen im Text vorkommen. Sprechen Sie den Vers wieder vor, und führen Sie gemeinsam mit den Kindern die Bewegungen aus. Beginnen Sie den Vers von vorn und wiederholen Sie ihn noch einige Male. Der Vers mit der Übung Baum wird dann zweimal gesprochen, einmal stehen die Kinder auf dem linken, dann auf dem rechten Bein.
Wenn die Kinder lesen können, kann auch ein Kind den Vers vorlesen.

Sprechvers	Bewegungen
Bunte **Blumen** blühen im Mai.	Stehe aufrecht, lege die Handflächen vor der Brust aneinander und forme mit den Händen eine Blume.
Die **Bienen** fliegen froh herbei.	Breite die Arme seitlich auf Schulterhöhe aus, beuge die Knie und den Oberkörper, lege den Bauch auf den Oberschenkeln ab, summe wie eine Biene und bewege die Finger dabei.
Der **Baum** trägt schon viele Blätter, Der **Baum** trägt schon viele Blätter,	Gehe in die Übung Baum auf dem linken Standbein. Gehe in die Übung Baum auf dem rechten Standbein.
die **Sonne** schenkt uns warmes Wetter.	Gehe in die Übung Sonne.
Kleine **Vögel** lernen fliegen,	Senke die Arme auf Schulterhöhe, stelle die Füße nebeneinander und lege die Hände auf die Schultern, kreise mit den Schultern (Vogel 2).
leer bleiben die Nester liegen.	Führe die Übung Vogel 1 aus.

Vers im Klatsch-Patsch-Rhythmus:
Patsche auf die Oberschenkel, klatsche in die Hände, patsche dann zweimal auf die Oberschenkel und klatsche einmal in die Hände: patsch, klatsch, patsch, patsch, klatsch. Sprich dazu den Verstext.

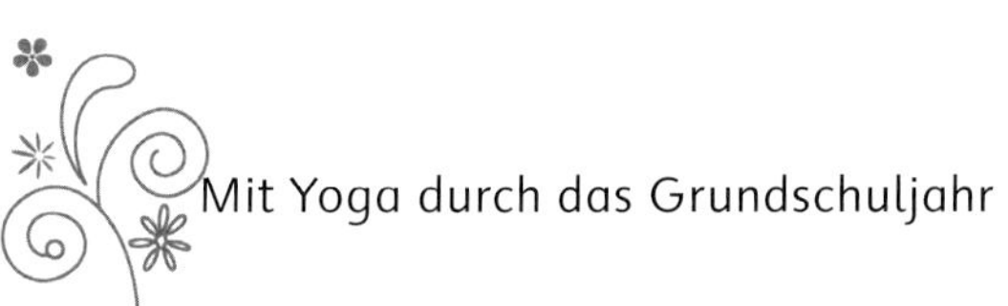

Tanz im Mai

Material:

- Bildkarten: Sonne (S. 83), Vogel 1 und 2 (S. 86/87), Biene (S. 72), Baum (S. 72)
- CD-Player
- Musikvorschlag: „La Serenissima" von Loreena McKennitt

Darum geht's:

Die Kinder reihen bekannte Yoga-Übungen aneinander. Dabei verfestigen sie die Haltungen, werden ruhig und steigern die Konzentration. Gemeinsames, achtsames und konzentriertes Bewegen wirkt sich günstig auf ein gutes Gemeinschaftsgefühl aus.

So geht's:

Hängen Sie die Bildkarten Sonne, Vogel 1 und 2, Biene, Baum gut sichtbar im Raum auf. Die Kinder reihen diese Übungen dann nach Musik aneinander:

- Stehe in der Übung Sonne.
- Stelle die Füße nebeneinander, senke die Arme auf Schulterhöhe und stelle dich auf die Zehen.
- Bewege dich noch zweimal in der Vogelübung 1.
- Breite die Arme auf Schulterhöhe aus, beuge die Knie, beuge den Oberkörper vor und bewege die Finger in der Übung Biene.
- Richte dich auf und stelle dich in die Übung Baum auf dem linken und dann auf dem rechten Bein.
- Beginne den Ablauf von vorn und wiederhole ihn, bis die Musik verklungen ist.

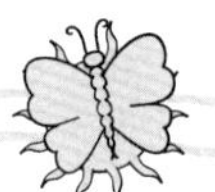

Frühlingsgedicht

Für das Frühlingsgedicht müssen die Kinder die Yoga-Übungen Sonne, Blume, Vogel 1 und 2 sowie Baum kennen. Sie werden angeregt, die Natur zu beobachten, sodass sie die Jahreszeiten mit ihren typischen Erscheinungsformen kennenlernen. Der Fokus liegt auf dem Erwachen der Natur. Die Sonne scheint wärmer und länger. Es bleibt länger hell. Blumen sprießen aus der Erde hervor. Am Baum entstehen zuerst zarte Knospen, die sich langsam zu Blättern entwickeln. Auch das Aufbrechen der Knospen zu Blüten kann Kinder verzaubern, wenn sie zur achtsamen Beobachtung angeleitet werden.
Die Kinder werden durch das Gedicht angeregt, die Vögel zu beobachten und ihnen zuzuhören. Bei Spaziergängen in den Wald oder in Parkanlagen sind ganz unterschiedliche Gesänge zu hören.

Darum geht's:
Die Kinder lernen den Text und koordinieren das Sprechen mit den Bewegungen. Dabei werden sie aufmerksam für die Begebenheiten in der Natur.

So geht's:
Wiederholen Sie mit den Kindern die Yoga-Übungen mit einem Spiel „Yoga-Box" (S. 12) oder spielen Sie mit den Kindern „Flaschendrehen" (S. 14).
Lesen Sie das Gedicht vor. Die Kinder benennen anschließend die Yoga-Übungen, die sie erkannt haben. Sprechen Sie dann gemeinsam mit den Kindern das Gedicht und führen Sie dabei die Übungen aus.
Bei Wiederholungen können auch Kinder das Gedicht vorlesen oder vorsprechen.

Sprechvers	Bewegungen
Lass den Frühling ins Herz hinein,	Stehe aufrecht und breite die Arme auf Schulterhöhe zu den Seiten aus. Lege die Hände auf dein Herz.
das Licht und die Wärme vom **Sonnen**schein.	Grätsche die Beine und führe die Arme in die V-Stellung nach oben.
Die **Blumen** leuchten in bunten Farben.	Beschreibe einen großen Armkreis. Lege die Hände in die Grußhaltung und stelle die Füße nebeneinander.
Schau sie an, du wirst Freude dran haben.	Forme mit den Händen eine Blume.
Die **Vögel** singen ein Lied für dich,	Führe dreimal die Übung Vogel 1 aus
hör gut zu und sing leise mit.	und singe dazu „Ah, oh …".
Am **Baum** wachsen neue Blätter und Blüten,	Gehe in die Übung Baum auf dem linken Standbein.
er steht ganz still, denn er will sie behüten.	Mache die Übung Baum auf dem rechten Standbein.
Lässt du den Frühling ins Herz hinein,	Breite die Arme auf Schulterhöhe zu den Seiten aus. Lege die Hände auf dein Herz.
leuchtest du selber wie **Sonnen**schein.	Grätsche die Beine und führe die Arme in die V-Stellung nach oben.

Rückenmassage zum Frühlingsgedicht

Darum geht's:
Rückenmassagen sind bei Kindern sehr beliebt, sie schaffen eine friedliche Stimmung und werden von den Kindern, die Erfahrungen damit gemacht haben, immer wieder eingefordert. Bei dieser Massage vertiefen die Kinder den Text vom Frühlingsgedicht. Gleichzeitig entspannen sie sich und erleben ein gutes Gemeinschaftsgefühl.

So geht's:
Besprechen Sie, wenn erforderlich, die Regeln für eine Rückenmassage (S. 9).
Sie entscheiden, ob Sie eine Gruppen- oder Partnermassage ausführen wollen.
Entsprechend fordern Sie die Kinder auf, Paare zu bilden, oder sich in die Kreisform zu setzen (vgl. Vorwort S. 9). Sie sprechen den Text und zeigen die Massagebewegungen an einem Kind oder in der Luft. Die Kinder massieren sich abwechselnd und bedanken sich anschließend gegenseitig beieinander.

Sprechvers	Massage
Lass den Frühling ins Herz hinein,	Male ein großes Herz auf den Rücken.
das Licht und die Wärme vom Sonnenschein.	Streiche den Rücken mit gespreizten Fingern in alle Richtungen aus.
Die Blumen leuchten in bunten Farben.	Male mit den Zeigefingern Blumen auf den Rücken.
Schau sie an, du wirst Freude dran haben.	Lege die Handflächen auf den Rücken und beschreibe Kreise.
Die Vögel singen ein Lied für dich,	Knete sanft die Schultern.
hör gut zu und sing leise mit.	Streiche die Schultern aus.
Am Baum wachsen neue Blätter und Blüten,	Streiche mit den Händen neben der Wirbelsäule von unten nach oben und mit den Fingern an den Seiten wieder herunter.
er steht ganz still, denn er will sie behüten.	Streiche den Rücken zu allen Seiten aus.
Lässt du den Frühling ins Herz hinein,	Male ein großes Herz auf den Rücken.
leuchtest du selber wie Sonnenschein.	Reibe die Handflächen aneinander und lege die warmen Hände auf den Rücken.

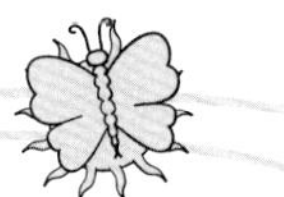

Eine Frühlingsgeschichte

Material:

- Bildkarten: Sonne (S. 83), Kranich (S. 79), Blume (S. 73), Schmetterling (S. 83), Storch (S. 86), Frosch 1 (S. 74), Frosch 2 (S. 74), Biene (S. 72), Lotosblume (S. 80), Affengruß (S. 71), Affentanz (S. 71)

Darum geht's:

Durch die Bewegungsgeschichte vertiefen die Kinder das Wissen über die Jahreszeiten und verfestigen die enthaltenen Yoga-Übungen.

So geht's:

Regen Sie die Kinder an, die Merkmale des Frühlings zu beschreiben:
„Woran erkennen wir, dass es Frühling ist?"
„Welche Yoga-Übungen passen zum Frühling?"
Sie lesen die Geschichte vor und die Kinder zählen, wie viele Yoga-Übungen sie erkannt haben (9 bzw. 11 Stück). Sie erzählen die Geschichte und die Kinder führen die genannten Yoga-Übungen aus. Anschließend können die Kinder überlegen, was noch im Frühling passiert.

Heute scheint die **Sonne**. Auf dem Feld spazieren die **Kraniche** herum.
Sie sind aus Afrika oder einem anderen südlichen Land zurückgekehrt.
Im Winter ist es ihnen hier bei uns zu kalt.
Die Kraniche erzählen ihre Erlebnisse aus den fernen Ländern. Sie zeigen uns den **Affentanz**, den die Affen immer tanzen, wenn sie bei ihnen ankommen, und den Affengruß, mit dem sich die Affen von den Kranichen verabschieden.
Dann genießen sie die ersten **Blumen**, die hier bei uns auf den Wiesen blühen.
Ein **Schmetterling** flattert um die bunten **Blumen** herum. Plötzlich kommt der Storch durch das Gras geschritten.
Er ist gerade aus der Türkei zurückgekehrt.
„Gibt es hier schon **Frösche**?", fragt er neugierig.
„Hab noch keinen **Frosch** gesehen", antwortet der **Schmetterling**.
Du siehst ja auch nur die bunten **Blumen**, denkt der **Storch** und schreitet weiter.

Eine **Biene** summt leise: „Ich habe schon **Frösche** (Frosch 1) gesehen. Einer wollte mich mit seiner klebrigen Zunge fangen, aber ich konnte gerade noch davon fliegen."
Der **Storch** schaut sich nach allen Seiten um. Dann breitet er seine Flügel aus und fliegt zu einer Wiese am See. Hier schaut er zu, wie die **Lotosblumen** aufblühen.
Ein kleiner **Frosch** (Frosch 2) ist froh, dass ihn der **Storch** nicht entdeckt hat. Er hatte sich hinter einem Busch versteckt. Nun streckt er sich und hüpft fröhlich durch das Gras (Frosch 1).

Entspannungsgeschichte zum Frühling

Material:
- CD-Player
- Musikvorschlag: „Na Laetha Geal M'Oige" von Enya
- Matte oder Decke oder die Kinder legen den Kopf auf die Unterarme am Tisch
- Chiffontuch
- ggf. Duftöl

Darum geht's:
Die Kinder lernen, sich zu entspannen und sich mithilfe der Vorstellungskraft auf angenehme Situationen einzulassen. Die Streicheleinheiten verstärken den Entspannungseffekt.

So geht's:
Sprechen Sie folgenden Text:
Lege dich bequem auf eine Matte oder setze dich bequem auf deinen Stuhl. Du kannst auch den Kopf auf deinen Unterarmen am Tisch ablegen. Stelle dir das helle warme Sonnenlicht vor. Es wärmt dich und du kannst dich immer mehr entspannen. Vielleicht riechst du den Duft der Blumen? Vielleicht spürst du auch, dass dich Schmetterlinge streicheln?
(Spielen Sie leise Musik ein. Gehen Sie dann mit dem Chiffontuch umher und streicheln die Kinder. Sie können das Chiffontuch evtl. mit Rosenwasser oder einem Duftöl einsprühen.)

So können Sie die Kinder wieder aus der Entspannung holen:
Wenn die Musik verklungen ist, bewege langsam deine Finger, deine Hände, deine Arme, bewege die Füße, strecke deine Beine aus, dehne deine Arme nach oben, dehne den ganzen Körper und werde wieder wach und munter.

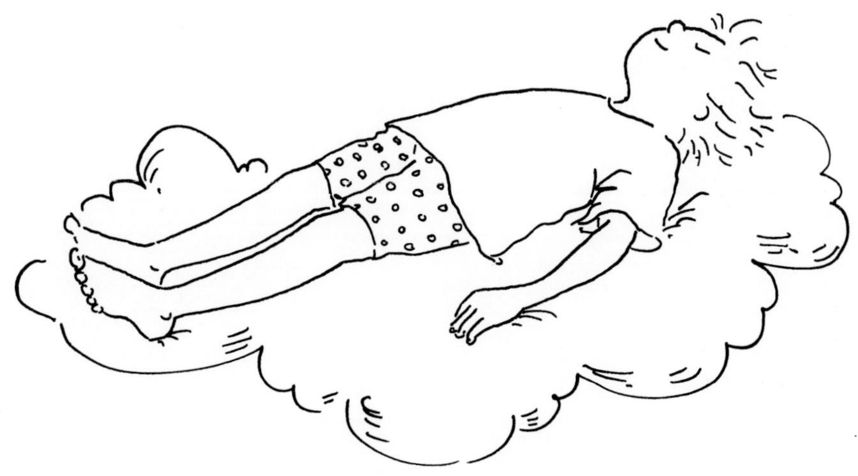

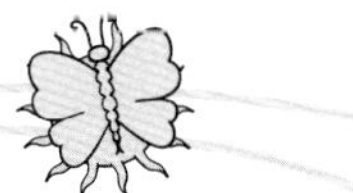

Frühlingsritual

Material:
- bunte Chiffontücher
- CD-Player
- Musikvorschlag: „May It Be" von Enya

Darum geht's:
Die Kinder drücken mit diesem Tanz ihre Freude und Dankbarkeit aus, über das Aufblühen der Blumen und Bäume nach dem Winter.

So geht's:
Die Kinder stehen im Kreis. Jedes Kind bekommt ein Chiffontuch und legt es vor sich auf den Boden. Die Kinder fassen sich an den Händen und gehen achtsam in die Übung **Baum** auf dem linken Standbein:

Ziehe das rechte Knie hoch, dehne es zur rechten Seite.
Stelle die Fußsohle an die Innenseite des linken Beines.
Hebe die Arme gemeinsam mit den anderen Kindern hoch,
beuge die Ellbogen wieder ein.
Bewege das Knie nach vorn, strecke das Bein nach vorn,
strecke das Bein nach hinten,
bewege das Knie angezogen nach vorn,
stelle die Fußsohle noch einmal an die Innenseite des linken Beines,
stelle den Fuß an den Boden zurück und mache das Gleiche auf
dem rechten Standbein.

Dann strecke gemeinsam mit den anderen Kindern die Arme nach oben.
Löse die Hände voneinander, lege die Hände in die Grußhaltung und gehe
über die Hocke in den Fersensitz.
Beuge dich vor, nimm das Tuch zwischen die Hände, richte dich auf und forme
*mit den Händen eine **Blume**, sodass sich das Tuch als „Blüte" entfalten kann.*
Strecke die Arme nach oben, beuge die Ellbogen wieder ein und drehe dich langsam
einige Male nach links und rechts.
Nimm das Tuch wieder zwischen deine Hände und lege es vor dir auf den Boden.

Gehe in die Hocke, fasse die Hände deiner Nachbarn, richtet euch gemeinsam auf
und geht noch einmal achtsam in die Übung Baum auf dem linken und rechten Standbein.

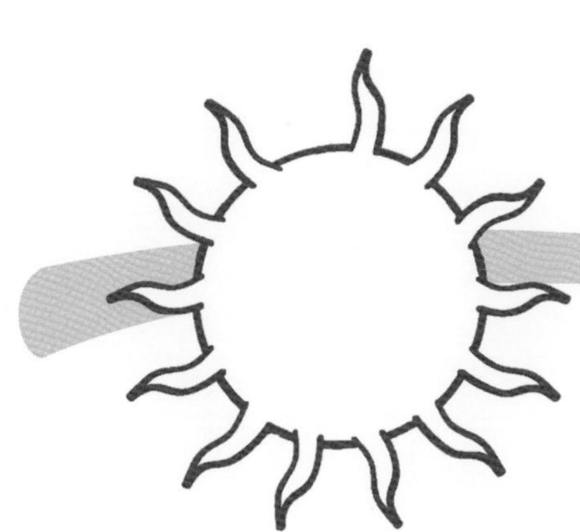

Sommer

Monate:
Juni, Juli, August

Die Kinder beobachten was sich verändert. Der Baum hat ein dichtes „Blätterdach". Die ersten Früchte reifen, wie Kirschen, Mirabellen, Pfirsiche und die Beeren an den Sträuchern. Die Sonne erreicht im Juni ihren höchsten Stand. Die Tage sind lang, die Nächte kurz. Die Blumen leuchten in vielen Farben und wir genießen die Vielfalt. Die hochgewachsenen Sonnenblumen wenden sich der Sonne zu. Bienen und Schmetterlinge freuen sich über die Blumen und tanzen fröhlich um sie herum. Die Natur steht in voller Pracht.

Zu all diesen Begebenheiten und Veränderungen passen folgende Yoga-Übungen:

- Baum (S. 72)
- Biene (S. 72)
- Blume (S. 73)
- Frosch 1 (S. 74)
- Frosch 2 (S. 74)
- Löwe (S. 81)
- Schlange (S. 82)
- Schmetterling (S. 83)
- Sonne (S. 83)
- Sonnenblume (S. 84)
- Vogel 1 (S. 86)
- Vogel 2 (S. 87)

Monatsverse zum Sommer

Lernziele:

- Die Kinder werden angeregt, die Natur zu beobachten.
- Sie lernen die Koordination von Sprache und Klatsch-Rhythmus.
- Sie führen die Übungen in Koordination mit dem Sprechen der Verse aus.
- Sie schulen ihre Konzentration und Achtsamkeit.
- Sie erlangen mehr Sicherheit, das Gleichgewicht zu halten.
- Sie vertiefen ihre Atmung.
- Sie kräftigen und dehnen den Körper.
- Sie mobilisieren die Schultergelenke und die Schultern.
- Sie dehnen die Leisten und Hüften.

Monatsverse zum **Sommer**

Name: ______________________________

Welche Übungen hast du in dem Monatsvers erkannt?	
Welche Übung gefällt dir besonders gut? Warum?	
Wie heißen die Monate im Sommer?	

ISBN 978-3-8346-2506-9 | www.verlagruhr.de

Der Monat Juni

 Monatsvers mit Bewegung

Material:
◎ Bildkarten: Baum (S. 72), Biene (S. 72), Blume (S. 73)
◎ CD Player und ruhige Musik

Darum geht's:
Die Kinder lernen den Text und führen die Yoga-Übungen aus.

So geht's:
Wiederholen Sie die Yoga-Übungen für den Vers mit einem Spiel, z. B. „Flaschendrehen" (S. 14). Sprechen Sie den Vers Zeile für Zeile vor. Dabei führen die Kinder die genannten Yoga-Übungen aus. Beginnen Sie den Vers erneut und ermutigen Sie die Kinder, die Zeilen nachzusprechen. Dabei führen Sie gemeinsam mit den Kindern die Übungen aus. Wiederholen Sie den Vers noch einige Male.

Sprechvers	Bewegungen
Im Juni schmückt den großen **Baum**	Gehe aus dem aufrechten Stand in die Übung Baum auf dem linken Standbein.
ein Blätterdach schön wie im Traum.	Mache die Übung Baum auf dem rechten Standbein.
Bunte **Blumen** blühen im Garten,	Stehe aufrecht in der Grußhaltung und forme mit den Händen eine Blume.
die schon auf die **Bienen** warten.	Gehe in die Position Biene.
Die freuen sich, dass es Nektar gibt	Drehe dich in der Übung Biene nach links und rechts.
und summen froh ein Juni-Lied.	Bewege dabei die Finger …
„MMMMMMH"	… und summe. Beginne den Vers von vorn und wiederhole ihn noch einige Male.

Vers im Klatsch-Patsch-Rhythmus:
Klatsche im Wechsel zweimal in die Hände und patsche zweimal auf die Oberschenkel: klatsch, klatsch, patsch, patsch. Sprich dazu den Verstext.

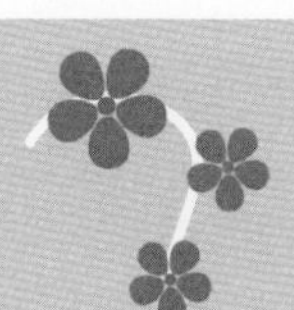

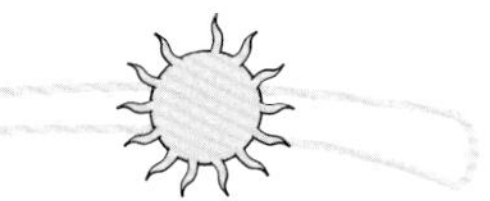

Tanz im Juni

Material:
- CD-Player
- Musikvorschlag: „Fauré: Pavane, op. 50" vom Boston Symphony Orchestra

Darum geht's:
Die Kinder stellen sich vor, Blumen und Bienen zu sein. Sie konzentrieren sich aufeinander und auf die Musik.

So geht's:
Teilen Sie die Kinder in zwei Gruppen ein. Eine Gruppe sitzt oder steht im Kreis und formt mit den Händen eine Blume. Die anderen Kinder sind die Bienen. Sie schweben mit ausgebreiteten Armen nach Musik durch den Raum. Bei Musikstopp stellen sie sich hinter eine Blume und trinken symbolisch den Nektar. Dann werden die Rollen getauscht und so wird das Spiel fortgesetzt.

Der Monat Juli

Monatsvers mit Bewegung

Material:
- Bildkarten: Baum (S. 72), Vogel 1 und 2 (S. 86/87)

Darum geht's:
Die Kinder lernen den Verstext. Sie koordinieren das Sprechen mit den Bewegungen und kräftigen dabei besonders ihre Schultern.

So geht's:
Wiederholen Sie die Übungen mit Bildkarten und dem Spiel „Aufdecken bitte!" (S. 12). Sprechen Sie den Vers vor. Beim Sprechen der Zeile 1 stehen die Kinder auf dem linken Standbein und bei Zeile 2 auf dem rechten Standbein.
Dann führen sie die Übung Vogel 1 aus und anschließend die Übung Vogel 2.
Sprechen Sie den Vers erneut vor und führen Sie gemeinsam mit den Kindern die Bewegungen aus. Beginnen Sie den Vers von vorn und wiederholen Sie ihn noch einige Male.

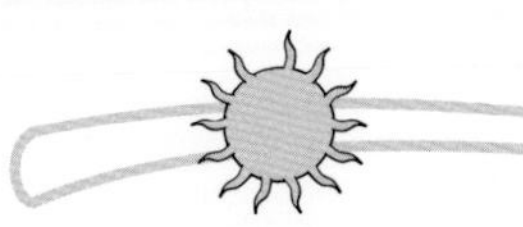

Sprechvers	Bewegungen
Kirschen trägt der Juli**baum**,	Stehe aufrecht und führe die Yoga-Übung Baum auf dem linken Standbein aus.
süß und saftig, wie im Traum.	Gehe in die Übung auf dem rechten Standbein.
Auch **Vögel** haben Kirschen gern,	Mache dreimal die Übung Vogel 1.
eilen herbei von nah und fern.	Töne dazu „Ah" und „Oh ...".
Kirschen saftig, süß und rund,	Bewege die Schultern in der Übung Vogel 2 nach hinten.
schmecken gut und sind gesund.	Bewege die Schultern in der Übung Vogel 2 nach vorn.

Vers im Klatsch-Patsch-Rhythmus:
Patsche auf die Oberschenkel, klatsche in die Hände und wiederhole das noch einmal. Patsche auf die Oberschenkel und klatsche zweimal in die Hände: patsch, klatsch, patsch, klatsch, patsch, klatsch, klatsch. Sprich dazu den Verstext.

Tanz im Juli

Material:
- CD-Player
- Musikvorschlag: „Atlantic Driftwood" von Thomas Loefke u. a.

Darum geht's:
Zur Beruhigung konzentrieren sich die Kinder auf die Übungen Vogel 1 und Baum, die sie nach Musik aneinanderreihen. Dabei schulen sie ihr Gleichgewicht und die Körperkoordination.

So geht's:
Die Kinder verfestigen die Yoga-Übungen Vogel 1 und Baum. Nach Musik führen sie zuerst die Übung Vogel zweimal aus, gehen dann in die Übung Baum auf dem linken Standbein und anschließend in die Übung Baum auf dem rechten Standbein. Nun beginnen sie von vorn und reihen die Übungen aneinander, bis die Musik verklungen ist.

Der Monat August

 Monatsvers mit Bewegung

Material:
Bildkarten: Sonnenblume (S. 84), Biene (S. 72), Vogel 1 (S. 86)

Darum geht's:
Die Kinder lernen den Text und führen dazu entsprechend die Yoga-Übungen aus.

So geht's:
Wiederholen Sie die Yoga-Übungen mit einem Spiel, z. B. „Würfelspiel" (S. 13). Sprechen Sie den Vers Zeile für Zeile vor. Dabei führen die Kinder die genannten Yoga-Übungen aus. Beginnen Sie den Vers erneut und ermutigen Sie die Kinder, die Zeilen nachzusprechen. Dabei führen Sie gemeinsam mit den Kindern die Übungen aus. Wiederholen Sie ihn noch einige Male.

Sprechvers	Bewegungen
Sonnenblumen im August,	Stehe aufrecht und gehe in die Yoga-Übung Sonnenblume.
darauf haben **Bienen** Lust.	Senke die Arme über die Seiten auf Schulterhöhe und führe die Yoga-Übung Biene aus.
Sie summen fröhlich hin und her.	Drehe dich in der Yoga-Übung Biene nach rechts und links.
Die **Vögel** freuen sich schon sehr.	Richte dich wieder auf und führe dreimal die Vogelübung aus.
Auf die **Sonnenblumen**kerne,	Stelle dich wieder in die Yoga-Übung Sonnenblume.
denn die fressen sie so gerne.	Senke die Arme und stelle dich in die Grußhaltung.

Vers im Klatsch-Patsch-Rhythmus:
Patsche auf die Oberschenkel, klatsche in die Hände und wiederhole das noch einmal. Patsche zweimal auf die Oberschenkel und klatsche zweimal in die Hände: patsch, klatsch, patsch, klatsch, patsch, patsch, klatsch, klatsch. Sprich dazu den Verstext.

Tanz im August

Material:
- CD-Player
- Musikvorschlag: „Miss Clare Remembers" von Enya
- bunte Chiffontücher
- Federn

Darum geht's:
Die Kinder stellen sich vor, Blumen, Bienen und Vögel zu sein. Gegenseitiges Streicheln mit den Federn wirkt sich positiv auf das friedliche Miteinander aus. Gleichzeitig lernen die Kinder, achtsam miteinander umzugehen, sich aufeinander zu konzentrieren und zu spüren, womit sie gestreichelt werden.

So geht's:
Teilen Sie die Kinder in zwei Gruppen ein. Eine Gruppe spielt die Blumen. Die Kinder sitzen mit geschlossenen Augen im Kreis. Die anderen Kinder werden in Bienen und Vögel aufgeteilt. Die Vögel bekommen Federn und die Bienen Chiffontücher. Sie tanzen nach leiser Musik um die Blumenkinder herum und berühren sie mit ihren Federn oder Tüchern. Die Blumenkinder spüren, ob sie von Tüchern (Bienen) oder Federn (Vögeln) berührt werden. Dann werden die Rollen getauscht.

Sommergedicht

Für das Sommergedicht müssen die Kinder die Yoga-Übungen Sonne, Blume, Vogel 1, Baum, Sonnenblume kennen.
Sie werden angeregt, die Natur zu beobachten, und lernen, die Jahreszeiten mit ihren typischen Erscheinungsformen immer bewusster wahrzunehmen. Der Fokus liegt auf den erblühten Blumen und dem Wachsen und Reifen der Natur. Die Sonne scheint warm. Die Tage sind lang. Das Leben spielt sich häufig draußen ab. Wir können im See oder Schwimmbad baden, im Wald oder Park wandern, Fahrradfahren, Fußballspielen und viele andere Möglichkeiten im Freien wahrnehmen. Es gibt reifes Gemüse und Obst in den Gärten und auf den Feldern. Auch das Getreide reift und muss bald geerntet werden. Viele Kinder verreisen in den Sommerferien und lernen andere Landschaften und Länder kennen. Beeindruckend sind die Sonnenblumenfelder, auf denen alle Blumen zur Sonne gerichtet sind.

Darum geht's:
Die Kinder lernen den Text und koordinieren das Sprechen mit den Bewegungen. Dabei werden sie aufmerksam für die Begebenheiten in der Natur.

So geht's:
Wiederholen Sie mit den Kindern die Übungen mit dem Spiel „Yoga-Stopptanz" (S. 12) oder spielen Sie mit den Kindern das Spiel „Würfelspiel" (S. 13). Lesen Sie das Gedicht vor.

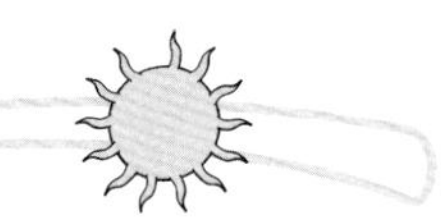

Die Kinder benennen anschließend die Yoga-Übungen, die sie erkannt haben. Sprechen Sie dann gemeinsam mit den Kindern das Gedicht und führen dabei die Yoga-Übungen gemeinsam mit den Kindern aus. Bei den Wiederholungen können auch Kinder das Gedicht vorlesen oder vorsprechen.

Sprechvers	Bewegungen
Lass den Sommer ins Herz hinein.	Stehe aufrecht und breite die Arme auf Schulterhöhe zu den Seiten aus. Lege die Hände auf dein Herz.
Genieße den warmen **Sonnen**schein.	Grätsche die Beine und führe die Arme in die V-Stellung nach oben. Beschreibe drei Armkreise.
Die **Vögel** singen froh ihr Lied,	Mache dreimal die Übung Vogel 1
und wenn du Lust hast, singe mit.	und töne dazu „Ah" und „Oh".
Den **Baum** schmücken grüne Blätter,	Stelle dich in die Übung Baum auf dem linken Standbein.
die schützen uns bei heißem Wetter.	Mache die Übung Baum auf dem rechten Standbein.
Im Sommer kannst du schwimmen gehen	Beschreibe Schwimmbewegungen mit den Armen.
und viele Sommer**blumen** sehen.	Lege die Hände in die Grußhaltung und forme eine Blume.
Die **Sonnenblume** lacht heute für dich,	Hebe die Arme über die Seiten und spreize die Finger. Halte die Finger über dem Kopf in einem kleinen Abstand voneinander entfernt und dehne die Ellbogen nach außen.
lächle zurück und freue dich.	Breite die Arme seitlich auf Schulterhöhe aus. Lege die Hände auf dein Herz und lächle.

Rückenmassage zum Sommergedicht

Darum geht's:
Rückenmassagen sind bei Kindern sehr beliebt, sie schaffen eine friedliche Stimmung und werden von den Kindern, die Erfahrungen damit gemacht haben, immer wieder eingefordert.
Bei dieser Massage vertiefen die Kinder den Text vom Sommergedicht.
Gleichzeitig entspannen sie sich und erleben ein gutes Gemeinschaftsgefühl.

So geht's:
Besprechen Sie, wenn erforderlich, die Regeln für eine Rückenmassage (S. 9).
Sie entscheiden, ob Sie eine Gruppen- oder Partnermassage ausführen wollen.
Entsprechend fordern Sie die Kinder auf, Paare zu bilden oder sich in die Kreisform zu setzen. Sie sprechen den Text und zeigen die Massagebewegungen an einem Kind oder in der Luft. Die Kinder massieren sich abwechselnd und bedanken sich anschließend gegenseitig beieinander.

Sprechvers	Massage
Lass den Sommer ins Herz hinein.	Male ein großes Herz auf den Rücken.
Genieße den warmen Sonnenschein.	Streiche den Rücken mit gespreizten Fingern in alle Richtungen aus.
Die Vögel singen froh ihr Lied,	Knete sanft die Schultern.
und wenn du Lust hast, singe mit.	Streiche die Schultern aus.
Den Baum schmücken grüne Blätter,	Streiche mit den Händen neben der Wirbelsäule von unten nach oben und mit den Fingern an den Seiten wieder herunter.
sie schützen uns bei heißem Wetter.	Streiche den Rücken zu allen Seiten aus.
Im Sommer kannst du schwimmen gehen	Patsche leicht mit den Handflächen auf den Rücken.
und viele Sommerblumen sehen.	Male mit den Zeigefingern Blumen auf den Rücken.
Die Sonnenblume lacht heute für dich,	Streiche den Rücken mit gespreizten Fingern zu allen Seiten aus.
lächle zurück und freue dich.	Reibe die Handflächen aneinander und lege die warmen Hände auf den Rücken.

Eine Sommergeschichte

Material:

- Bildkarten: Sonne (S. 83), Blume (S. 73), Baum (S. 72), Frosch 1 (S. 74), Frosch 2 (S. 74), Löwe (S. 81), Schlange (S. 82), Schmetterling (S. 83), Sonnenblume (S. 84)

Darum geht's:

Durch die Bewegungsgeschichte vertiefen die Kinder das Wissen über die Jahreszeiten, über Tiere am See und sie erlangen Sicherheit in den Yoga-Übungen.
Sie können in dieser Geschichte zusätzliche Bewegungen einbauen, wie Laufen auf der Stelle, Schwimmbewegungen …

So geht's:

Üben Sie die Yoga-Übungen der Geschichte mit einem Spiel mit Bildkarten (z. B. „Flaschendrehen", S. 14) ein.
Anschließend regen Sie die Kinder an, die Merkmale des Sommers zu beschreiben: „Woran erkennen wir, dass es Sommer ist? Welche Yoga-Übungen passen zum Sommer?"
Sie lesen die Geschichte vor und die Kinder zählen, wie viele Übungen sie erkannt haben (8 Stück). Sie erzählen die Geschichte und die Kinder führen die genannten Yoga-Übungen aus. Zum Schluss können die Kinder überlegen, was sie beim Baden in einem See oder Schwimmbad erlebt haben.

Heute ist ein warmer Sommertag. Die **Sonne** scheint vom blauen Himmel.
Wir packen unsere Badesachen ein und gehen zum Badesee. *(Laufen auf der Stelle.)*
Der See liegt hinter einem **Sonnenblume**nfeld. Um die Sonnenblumen herum flattern lustige **Schmetterlinge**. Sie trinken den süßen Nektar.
Endlich sind wir am See. Unsere Decke legen wir unter einen großen Baum.
Dann gehen wir erst mal zum See und schwimmen. *(Schwimmbewegungen)*
Einige **Frösche** (Frosch 1) sind aufgeschreckt. Sie strecken sich und springen ins Wasser.
Ein dicker **Frosch** (Frosch 2) bleibt faul im Sand liegen. Er liegt auch noch da, als wir erfrischt aus dem Wasser steigen.
Plötzlich raschelt es im Schilf. Wir haben wohl eine Ringelnatter **(Schlange)** aufgeschreckt. Sie züngelt mit ihrer gespaltenen Zunge. Das macht sie immer, wenn sie aufgeregt ist. Dabei riecht sie den dicken **Frosch** (Frosch 2). Ringelnattern **(Schlange)** riechen mit ihrer Zunge, und ehe der Frosch sich versieht, hat sie ihn geschnappt und verschluckt.
Erschrocken müssen wir zusehen, wie der Frosch im Rachen der Ringelnatter zappelt. Vielleicht sollten wir uns einfach mal in **Löwen** verwandeln und ganz laut brüllen. Wir versuchen es, setzen uns aufrecht auf die Fersen, reißen die Augen und den Mund weit auf, strecken die Zunge heraus und brüllen, so laut wir können. Tatsächlich, es klappt. Die Ringelnatter **(Schlange)** bekommt einen Riesenschreck, sperrt ihr Maul auf und der dicke **Frosch** (Frosch 2) fällt in den Sand. Schnell hüpft er ins Wasser (Frosch 1).
Das ist ja noch mal gut gegangen! Wir legen uns auf die Decke unter dem großen **Baum** und ruhen uns aus. Vom See hören wir ein leises Quaken.
Es hört sich an wie ein leises „Dankeschön".

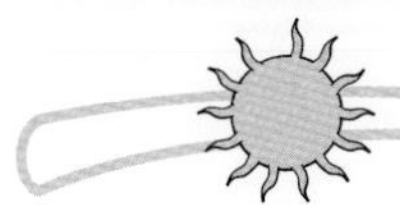

Entspannungsgeschichte zum Sommer

Material:
- CD-Player
- Musikvorschlag: „Watermark" von Enya
- Matte oder Decke oder die Kinder legen den Kopf auf den Tisch.

So geht's:
Stellen Sie die CD an und sprechen Sie den Text:

Lege dich bequem auf eine Matte oder setze dich bequem auf deinen Stuhl.
Du kannst auch den Kopf am Tisch auf deinen Unterarmen ablegen.
Stelle dir vor, du liegst im Gras an einem Badesee. Die Sonne wärmt dich und viele bunte Blumen um dich herum duften. Sanft streicht der Wind über dein Gesicht.
Eine Sonnenblume lächelt dich an. Ihre Blütenblätter leuchten goldgelb.
Eine Biene summt um die Blume herum, trinkt Nektar und fliegt davon.
Du genießt die goldgelbe Farbe der Sonnenblume und stellst dir vor, du könntest die gelbe Farbe trinken, so, wie die Biene den Nektar trinkt.
Du spürst, wie so das goldene Gelb in deinen Körper strömt. Wie fühlt sich das an?
Du hast jetzt Zeit, bis die Musik verklungen ist, dir das goldene Gelb in deinem Körper vorzustellen. Spürst du es im Bauch? Spürst du es in deinen Beinen und Füßen?
Lasse das goldene Gelb überall hinströmen, wo du es haben möchtest.
Wenn die Musik verklungen ist, rekle dich wieder wach, strecke dich und werde wieder munter.

Anschließend tauschen die Kinder ihre Vorstellungen aus.

Sommer-Ritual

Material:
- bunte Chiffontücher

Darum geht's:
Die Kinder machen sich bewusst, wie wichtig die Sonne für uns und alle Lebensformen ist und drücken in diesem rituellen Tanz ihre Dankbarkeit aus.

So geht's:
Die Kinder lernen das Lied und führen dazu die entsprechenden Übungen aus. Das Lied kann nach der Melodie „Heute ist ein Fest bei den Fröschen am See" gesungen werden. Die Tücher symbolisieren das Feuer und damit die lebensspendende Kraft der Sonne. Wenn die Kinder das Lied gut können, singen sie es im Kanon. Nach „Licht" setzt die zweite Gruppe ein. Dazu können sie auch in zwei Kreisen tanzen.

Die Kinder werden in zwei Gruppen aufgeteilt. Eine Gruppe steht im Innenkreis.
Die andere Gruppe bildet einen Kreis um den Innenkreis herum.
Der Außenkreis geht zuerst rechts herum und der Innenkreis links herum.
Die Kinder haben in jeder Hand ein Chiffontuch.
Bei „Wir danken der Sonne ..." wechseln beide Kreise die Richtung.
Bei „Danke ..." schwingen die Kinder Chiffontücher nach oben und unten.

Sprechvers	**Bewegungen**
Die Sonne scheint warm und sie schenkt uns ihr Licht.	Die Kinder stehen im Kreis und halten sich an den Händen. Sie gehen rechts herum bzw. links herum.
Wir danken der Sonne, ohne sie gäb's uns nicht.	Die Kinder wechseln die Richtung.
Danke, Danke! Danke, Danke!	Alle bleiben stehen und schwingen die Tücher auf und ab. Dann beginnen sie von vorn.

Herbst

Monate:
September, Oktober, November

Die Kinder beobachten, wie sich die Natur verändert. An den Bäumen färben sich die Blätter bunt. Sie werden gelb, braun, rot, golden. Obstbäume tragen reife Früchte. Wir können Äpfel, Birnen, Pflaumen und auch Nüsse ernten. Der Stand der Sonne verändert sich auch.
Sie steht tiefer am Himmel und die Tage werden kürzer.
Der Storch fliegt wieder fort, in wärmere Länder. Auf den Feldern versammeln sich die Kraniche. Auch sie bereiten sich auf die Reise in wärmere Länder vor. Die Herbstblumen leuchten in Herbstfarben. Der Wind trägt Drachen in die Luft und wirbelt bunte Blätter zum Tanz auf.

Zu all diesen Begebenheiten und Veränderungen passen folgende Yoga-Übungen:

- Affengruß (S. 71)
- Affentanz (S. 71)
- Baum (S. 72)
- Blatt (S. 73)
- Blume (S. 73)
- Halbmond (S. 76)
- Igel 1 (S. 77)
- Igel 2 (S. 77)
- Igel 3 (S. 78)
- Katze (S. 78)
- Kranich (S. 79)
- Löwe (S. 81)
- Maus (S. 81)
- Mond (S. 82)
- Sonne (S. 83)
- Stern 1 (S. 84)
- Stern 2 (S. 85)
- Sternschnuppe (S. 85)
- Storch (S. 86)
- Vogel 1 (S. 86)

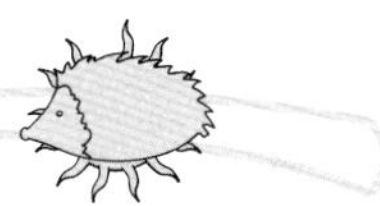

Monatsverse zum Herbst

Lernziele:

- Die Kinder werden angeregt, die Natur zu beobachten.
- Sie lernen die Koordination von Sprache und Klatsch-Rhythmus.
- Sie führen die Übungen in Koordination mit dem Sprechen der Verse aus.
- Sie schulen ihre Konzentration und Achtsamkeit.
- Sie erlangen mehr Sicherheit, das Gleichgewicht zu halten.
- Sie vertiefen ihre Atmung.
- Sie kräftigen und dehnen den Körper.
- Sie mobilisieren die Schultergelenke.
- Sie dehnen die Körperseiten.
- Sie entspannen sich in der Übung Igel.

Monatsverse zum **Herbst**

Name: ______________________________

Welche Übungen hast du in dem Monatsvers erkannt?	
Welche Übung gefällt dir besonders gut? Warum?	
Wie heißen die Monate im Herbst?	

ISBN 978-3-8346-2506-9 | www.verlagruhr.de

Der Monat September

Monatsvers mit Bewegungen

Material:
Bildkarten: Sonne (S. 83), Baum (S. 72), Igel 3 (S. 78), Blume (S. 73)

Darum geht's:
Die Kinder lernen den Text und führen die Yoga-Übungen aus.

So geht's:
Wiederholen Sie die Übungen mit einem Spiel, z. B. „Yoga-Detektive (S. 13).
Sprechen Sie den Vers Zeile für Zeile vor. Dabei führen die Kinder die genannten Yoga-Übungen aus. Der Baum wird in Zeile zwei auf dem linken Standbein und in Zeile drei auf dem rechten Standbein ausgeführt. In der letzten Zeile beschreiben die Kinder einen großen Armkreis. Beginnen Sie den Vers erneut und ermutigen Sie die Kinder, die Zeilen nachzusprechen. Dabei führen Sie gemeinsam mit den Kindern die Übungen aus. Wiederholen Sie das Sprechen mit den Bewegungen noch einige Male.

Sprechvers	Bewegungen
Die **Sonne** schickt Septemberlicht.	Stehe aufrecht und gehe in die Übung Sonne. Senke die Arme über die Seiten auf Schulterhöhe.
Der **Baum** steht still im Gleichgewicht.	Gehe in die Übung Baum auf dem linken Standbein, hebe die Arme und lege über dem Kopf die Handflächen aneinander. Senke die Arme wieder über die Seiten auf Schulterhöhe.
Das Obst wird reif und fällt ins Gras.	Mache die Übung Baum auf dem rechten Standbein, hebe die Arme und lege die Handflächen über dem Kopf aneinander.
Der **Igel** knabbert mit viel Spaß.	Stelle die Füße nebeneinander, beuge die Knie, beuge den Oberkörper gestreckt vor, bis der Bauch auf den Oberschenkeln liegt und lege die Handrücken auf den Rücken. Strecke die Finger als „Stacheln" nach oben (Igel 3).
Blumen leuchten in Herbstfarben,	Richte dich wieder auf, lege die Hände in die Grußhaltung und spreize die Zeige-, Mittel- und Ringfinger nach außen.
die wir alle so gern haben.	Strecke die Arme nach oben und senke sie über die Seiten.

Vers im Klatsch-Patsch-Rhythmus:
Patsche auf die Oberschenkel, klatsche in die Hände, patsch noch einmal auf die Oberschenkel und klatsche in die Hände, patsche auf die Oberschenkel und klatsche zweimal in die Hände: patsch, klatsch, patsch, klatsch, patsch, klatsch, klatsch.
Sprich dazu den Verstext.

Tanz im September

Material:

- CD-Player
- Musikvorschlag: „Träumerei“ aus der op. 15 von Robert Schumann
- gelbe Chiffontücher

Darum geht's:

In der Yoga-Übung Igel können sich die Kinder gut entspannen, weil die Sinneseindrücke reduziert sind. Beim Streicheln der „Igel“ richten die Kinder ihre Konzentration auf die Rücken der anderen Kinder. Gerne geben sie die Tücher auch mal ab, um selber gestreichelt zu werden. Die Kinder schulen ihre Wahrnehmung für sich selbst und die anderen Kinder.

So geht's:

Die Kinder gehen in die Übung Igel 1. Wer möchte, kann auch die Übung Igel 2 auf dem Stuhl ausführen. Zwei Kinder bewegen sich mit gelben Tüchern als Sonne im Raum und streicheln die „Igel“. Wer von den Igelkindern gerne auch die Sonne sein möchte, legt die Stacheln an, legt also die aufgestellten Finger an den Rücken. Die beiden Kinder, die mit Tüchern gestreichelt haben, geben die Tücher an zwei Kinder ab, die ihre „Stacheln“ angelegt haben.

Der Monat Oktober

Monatsvers mit Bewegungen

Material:

- Bildkarten: Sonne (S. 83), Baum (S. 72), Storch (S. 86), Blatt (S. 73)

Darum geht's:

Die Kinder lernen den Text und führen die Yoga-Übungen aus.

So geht's:

Wiederholen Sie die Yoga-Übungen mit einem Spiel, z. B. „Würfelspiel“ (S. 13). Sprechen Sie den Vers Zeile für Zeile vor. Dabei heben die Kinder die Hand, wenn sie eine Yoga-Übung erkannt haben. Lesen Sie den Vers noch einmal. Bitten Sie die Kinder, diesmal die Yoga-Übung auszuführen. Der Baum wird zuerst auf dem linken Standbein und dann auf dem rechten Standbein ausgeführt. Dazu sprechen Sie Zeile 1 zweimal. In der letzten Zeile beschreiben die Kinder einen großen Armkreis. Beginnen Sie den Vers erneut und ermutigen Sie die Kinder, die Zeilen nachzusprechen. Dabei führen Sie gemeinsam mit den Kindern die Übungen aus. Wiederholen Sie das Sprechen mit den Bewegungen noch einige Male.

Sprechvers	Bewegungen
Der **Baum** steht im Oktoberwind, der Baum steht im Oktoberwind.	Stehe aufrecht und gehe in die Übung Baum auf dem linken Standbein. Gehe in die Position Baum auf dem rechten Standbein.
Bunte **Blätter** mag jedes Kind.	Gehe in die Übung Blatt.
Die tanzen gern bei **Sonnen**schein.	Stelle dich in die Sonnenübung.
Der **Storch** steht still auf einem Bein.	Senke die Arme über die Seiten, stelle die Füße nebeneinander und führe die Übung Storch auf dem linken Standbein aus.
Er fliegt schon bald nach Afrika,	Mache die Übung Storch auf dem rechten Standbein.
denn das macht er jedes Jahr.	Beschreibe mit den Armen einen Armkreis.

Vers im Klatsch-Patsch-Rhythmus:
Patsche mit beiden Händen auf die Oberschenkel und klatsche in die Hände, wiederhole das Patschen und Klatschen, patsche zweimal auf die Oberschenkel und einmal in die Hände. Beginne den Rhythmus wieder von vorn: patsch, klatsch, patsch, klatsch, patsch, patsch, klatsch. Sprich dazu den Verstext.

Tanz im Oktober

Material:
- Bildkarten: Baum (S. 72), Blatt (S. 73)
- CD-Player
- Musikvorschlag: „The Seals Of Port Na Glass" von Thomas Loefke u.a.

Darum geht's:
Die Kinder bewegen sich gemeinsam im Kreis und führen die Übung Baum aus. Mit den Armen und Händen symbolisieren sie die Baumkrone, die sich im Wind bewegt. Anschließend bewegen sie sich als Blatt im Wind, das sich zum Schluss ausruht.

So geht's:
Die Kinder stehen im Kreis, fassen sich an den Händen und gehen rechts herum. Dabei kreuzen sie den linken Fuß über den rechten Fuß. Sie stellen sich in die Übung Baum auf dem linken Standbein. Sie halten sich dabei weiter an den Händen fest und bewegen die aneinandergelegten Hände nach oben sowie hin und her. Dann senken sie die Arme, sodass die Oberarme auf Schulterhöhe sind. Sie stellen den rechten Fuß wieder an den Boden, kreuzen den rechten Fuß über den linken Fuß und gehen auf diese Weise links herum im Kreis. Stehen sie wieder auf ihrem Platz, führen sie die Übung Baum auf dem rechten Standbein aus. Anschließend lösen sie die Hände voneinander und tanzen ganz leicht und leise wie Blätter im Herbstwind. Zum Schluss liegen sie wie ein eingerolltes Blatt am Boden. Sie richten sich langsam über den Fersensitz und

Kniestand auf, bewegen dabei die Arme wie tanzende Blätter. Dann tanzen sie noch einmal wie Blätter, gehen wieder in die Übung des eingerollten Blattes und werden vom sanften Herbstwind gestreichelt.
Gehen Sie nun mit einem Tuch oder einer Feder herum und streicheln die Kinder. Bei großen Gruppen können Sie ein Kind mit einbeziehen.

Der Monat November

 Monatsvers mit Bewegungen

Material:
◎ Bildkarten: Baum (S. 72), Vogel 1 (S. 86), Blume (S. 73), Sonne (S. 83), Mond (S. 82), Stern 1 (S. 84)

Darum geht's:
Die Kinder lernen neue Übungen und den Verstext. Sie führen die Yoga-Übungen dazu aus.

So geht's:
Führen Sie die neuen Yoga-Übungen mit einem Spiel ein, z. B. Yoga-Box (S. 12) und wiederholen Sie bekannte Yoga-Übungen. Lesen Sie den Vers vor oder lassen Sie ein Kind vorlesen. Die Kinder hören zu und führen die Yoga-Übungen aus, wenn sie genannt werden. Zeile eins wird wiederholt, damit die Übung Baum auf beiden Standbeinen ausgeführt werden kann. Anschließend sprechen Sie Zeile für Zeile vor, die Kinder sprechen nach und sie machen gemeinsam die Bewegungen dazu.

Sprechvers	**Bewegungen**
Der **Baum** steht im Novemberwind, der **Baum** steht im Novemberwind.	Stehe aufrecht und gehe in die Übung Baum auf dem linken Standbein und dann auf dem rechten Standbein.
Zug**vögel** fliegen fort geschwind.	Mache dreimal die Übung Vogel 1.
Die **Blumen** ruhen sich jetzt aus,	Stehe wieder aufrecht, lege die Handflächen vor der Brust aneinander und forme die Blume. Lege die Handflächen wieder aneinander, beuge die Finger ein, lege die Handrücken aneinander und strecke die Hände mit aneinanderliegenden Handrücken nach unten.
die **Sonne** schaut nur selten raus.	Stelle dich in die Übung Sonne.
Wir leuchten mit der Laterne	Beschreibe einen Armkreis.
und singen **Sonne, Mond** und **Sterne**.	Führe die Übungen Sonne, Mond und Stern 1 aus.

Vers im Klatsch-Patsch-Rhythmus:
Patsche auf die Oberschenkel, klatsche in die Hände, wiederhole das Patschen und Klatschen und patsche dann zweimal auf die Oberschenkel und klatsche einmal in die Hände: patsch, klatsch, patsch, klatsch, patsch, patsch, klatsch. Sprich dazu den Verstext.

Tanz im November

Material:

- Bildkarten: Sonne (S. 83), Mond (S. 82), Halbmond (S. 76), Stern 1 (S. 84)
- CD-Player
- Musikvorschlag: „Storms In Africa" von Enya

Darum geht's:
Die Kinder konzentrieren sich auf die Yoga-Übungen Sonne, Mond, Halbmond, Stern und reihen diese achtsam aneinander. Dabei werden sie ruhig und lernen, sich ganz auf eine Sache zu konzentrieren.

So geht's:
Die Kinder stehen im Kreis. Sie gehen gemeinsam in die Übung Sonne, aus der Sonnenstellung in die Übung Mond, Halbmond nach rechts und links und in die Übung Stern 1 mit der Drehung nach rechts und links. Sie beginnen wieder von vorn, bis die Musik verklungen ist.

Herbstgedicht

Für das Herbstgedicht müssen die Kinder die Yoga-Übungen Sonne, Blume, Vogel 1 und Baum kennen. Sie werden angeregt, die Natur zu beobachten, und lernen, die Jahreszeiten mit ihren typischen Erscheinungsformen immer bewusster wahrzunehmen.
Der Fokus liegt auf den reifen Früchten. Blumen verblühen, die Blätter bekommen bunte Farben und tanzen im Wind. Die Felder werden abgeerntet. So haben die Kinder Platz, um ihre Drachen steigen zu lassen.

Darum geht's:
Die Kinder lernen den Text und koordinieren das Sprechen mit den Bewegungen.
Dabei werden sie aufmerksam für die Begebenheiten in der Natur.

So geht's:
Wiederholen Sie mit den Kindern die Übungen mit dem Spiel „Yoga-Stopptanz" (S. 12) oder mit dem Spiel „Aufdecken bitte!" (S. 12).
Lesen Sie das Gedicht vor. Die Kinder benennen anschließend die Yoga-Übungen, die sie erkannt haben. Sprechen Sie dann den Text Zeile für Zeile vor, die Kinder sprechen den Text nach und Sie machen gemeinsam mit den Kindern die Übungen dazu. Lassen Sie bei den Wiederholungen auch die Kinder das Gedicht vorlesen oder vorsprechen.

Sprechvers	Bewegungen
Lass den Herbst in dein Herz hinein,	Stehe aufrecht und breite die Arme weit zu den Seiten aus. Lege die Hände in die Grußhaltung.
genieße den goldenen **Sonnen**schein.	Grätsche die Beine und führe die Arme in die V-Stellung nach oben und beschreibe drei Armkreise.
Manche **Vögel** fliegen weit fort,	Mache dreimal die Übung Vogel 1.
an einen anderen, warmen Ort.	Und töne dazu „Ah" und „Oh".
Der **Baum** hat viele bunte Blätter,	Stelle dich in die Übung Baum auf dem linken Standbein.
die tanzen auch bei Regenwetter.	Stelle dich in die Übung Baum auf dem rechten Standbein.
Drachen steigen hoch mit dem Wind,	Strecke die Arme nach oben.
Äpfel purzeln ins Gras geschwind.	Beuge dich vor, kreuze dabei das rechte Bein über das linke Bein und berühre den Boden mit den Fingern.
Herbst**blumen** pflücken macht uns Spaß,	Richte dich wieder auf und forme mit den Händen eine Blume.
und Äpfel sammeln im grünen Gras.	Beuge dich vor, kreuze dabei das linke Bein über das rechte Bein und berühre den Boden mit den Fingern.
Lässt du den Herbst in dein Herz hinein, leuchtest du selber wie **Sonnen**schein.	Richte dich auf, breite die Arme seitlich aus und lege die Hände auf dein Herz.

Rückenmassage zum Herbstgedicht

Darum geht's:
Rückenmassagen sind bei Kindern sehr beliebt, sie schaffen eine friedliche Stimmung und werden von den Kindern, die Erfahrungen damit gemacht haben, immer wieder eingefordert.
Bei dieser Massage vertiefen die Kinder den Text vom Herbstgedicht. Gleichzeitig entspannen sie sich und erleben ein gutes Gemeinschaftsgefühl.

So geht's:
Besprechen Sie, wenn erforderlich, die Regeln für eine Rückenmassage (S. 9).
Sie entscheiden, ob Sie eine Gruppen- oder Partnermassage ausführen wollen. Entsprechend fordern Sie die Kinder auf, Paare zu bilden oder sich in die Kreisform zu setzen. Sie sprechen den Text und zeigen die Massagebewegungen an einem Kind oder in der Luft. Die Kinder massieren sich abwechselnd und bedanken sich anschließend gegenseitig beieinander.

Sprechvers	Massage
Lass den Herbst in dein Herz hinein,	Male ein großes Herz auf den Rücken.
genieße den goldenen Sonnenschein.	Streiche den Rücken mit gespreizten Fingern zu allen Seiten aus.
Manche Vögel fliegen weit fort,	Knete sanft die Schultern.
an einen anderen, warmen Ort.	Streiche die Schultern aus.
Der Baum hat viele bunte Blätter,	Streiche mit den Händen neben der Wirbelsäule von unten nach oben und mit den Fingern an den Seiten wieder herunter.
die tanzen auch bei Regenwetter.	Beschreibe mit den Handflächen Kreise auf dem Rücken.
Drachen steigen hoch mit dem Wind,	Streiche den Rücken von unten nach oben aus.
Äpfel purzeln ins Gras geschwind.	Drücke die Fäuste sanft an den Rücken.
Herbstblumen pflücken macht uns Spaß,	Male mit den Zeigefingern Blumen auf den Rücken.
und Äpfel sammeln im grünen Gras.	Lege die Finger- und Daumenkuppen auf den Rücken und ziehe die Finger zu den Daumen.
Lässt du den Herbst in dein Herz hinein, leuchtest du selber wie Sonnenschein.	Reibe die Handflächen aneinander und lege die warmen Hände auf den Rücken.

Eine Herbstgeschichte

Material:

- Bildkarten: Affengruß (S. 71), Affentanz (S. 71), Sonne (S. 83), Vogel 1 (S. 86), Kranich (S. 79), Baum (S. 72), Katze (S. 78), Löwe (S. 81), Maus (S. 81), Blatt (S. 73), Mond (S. 82), Halbmond (S. 76), Stern 1 (S. 84), Stern 2 (S. 85), Sternschnuppe (S. 85)

Darum geht's:
Die Kinder erkennen die Yoga-Übungen beim Hören der Geschichte und führen sie aus.

So geht's:
Die Kinder lernen neue Yoga-Übungen und wiederholen bekannte Übungen mit den Bildkarten. Sie hören die Geschichte und zählen mit, wie viele Übungen sie in der Geschichte entdecken (15 Stück). Sie benennen die Yoga-Übungen. Anschließend hören sie die Geschichte ein zweites Mal und führen die Übungen dazu aus.

Die **Sonne** scheint nicht mehr so warm und lange wie im Sommer.
Manche **Vögel** verabschieden sich. Sie fliegen in ferne Länder, wo es wärmer ist.
Der **Kranich** schreitet stolz über das Feld.
Er will bis nach Afrika fliegen.
Dort leben **Löwen**, die ihn immer mit lautem Gebrüll begrüßen, wenn er kommt.
Die Affen trommeln sich mit ihren Fäusten auf die Brust und laden ihn zum **Affentanz** ein.
Darauf freut er sich schon.

Die **Bäume** verändern sich. Sie tragen verschiedene Früchte, die jetzt reif sind:
Äpfel, Birnen, Pflaumen, Nüsse. Die **Blätter** werden bunt und manche fallen schon herab.
Mäuse huschen gern durch die Blätter am Boden. Sie sammeln die leckeren Herbstfrüchte, die Kastanien, Eicheln, Bucheckern und Nüsse.
Das weiß auch die **Katze**. Manchmal schleicht sie sich leise an, doch meistens verschwinden die **Mäuse** schnell in ihrem Mauseloch.

Es wird früher dunkel und so freuen wir uns alle über den **Vollmond** am Himmel.
Manchmal sehen wir aber nur den **Halbmond**.
Dazu funkeln unzählige **Sterne**, große Sterne (Stern 1), kleine Sterne (Stern 2), goldene, silberne, rötliche Sterne (Stern 1 und 2).
Manchmal zischt sogar eine **Sternschnuppe** vorbei und erfüllt dir deinen Herzenswunsch.

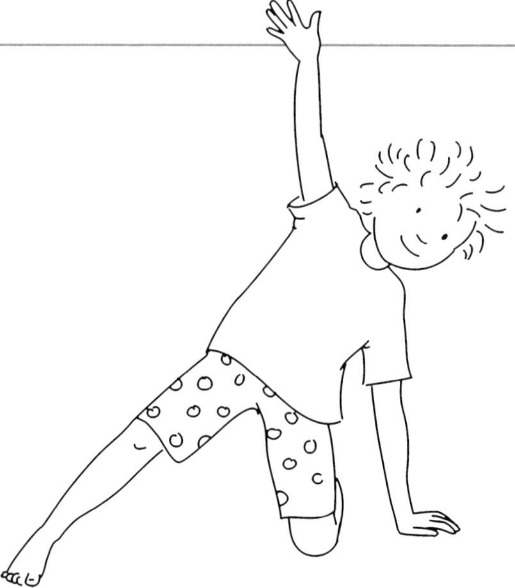

Entspannungsgeschichte zum Herbst

Material:

- CD-Player
- Musikvorschlag: „Air" von J. S. Bach
- Matte oder Decke oder die Kinder legen den Kopf auf die Unterarme auf den Tisch

Darum geht's:

Die Kinder lernen, sich zu entspannen. Sie überlegen, was sie sich wirklich von ganzem Herzen wünschen. Es sollte ein Wunsch sein, der nicht mit Geld zu bezahlen ist.

So geht's:

Sprechen Sie folgenden Text:

Lege dich bequem auf eine Matte oder setze dich bequem auf deinen Stuhl.
Du kannst auch den Kopf auf deinen Unteramen am Tisch ablegen.
Mach es dir bequem, schließe die Augen und stelle dir vor, du kannst einen Sternenhimmel sehen.
Unzählige Sterne funkeln, glitzern und leuchten für dich. Schau sie dir an, vielleicht entdeckst du Sternenbilder. Vielleicht entdeckst du auch deinen Glücksstern.
Nach einer Weile zischt eine Sternschnuppe vorbei.
Du überlegst dir einen Herzenswunsch und denkst ganz fest an diesen Wunsch.
Ein Stern zwinkert dir zu. Sicher ist das dein Glücksstern.
Ob dein Wunsch wohl in Erfüllung geht?

Spielen Sie leise Musik ein.

Wenn die Musik verklungen ist, bewege deine Hände und Finger, die Arme und Beine, rekle und strecke den ganzen Körper und werde wieder wach und munter.

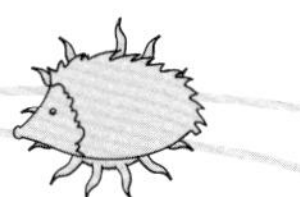

Herbst-Ritual

Darum geht's:
Die Kinder machen sich bewusst, wie wichtig die Sonne, die Erde, der Regen und der Wind sind. Sie lernen, dankbar zu sein, für alles, was die Erde hervorbringt und entwickeln Achtsamkeit für den Zusammenhang des Lebens.

So geht's:
Die Kinder wiederholen die Übungen Sonne und Blume und besprechen Bewegungen für die Erde, den Wind und den Regen. Sie sprechen den Text und führen die vorgegebenen Bewegungen dazu aus. In Partner- und Gruppenarbeit können sie auch eigene Bewegungsformen finden.

Sprechvers	Bewegungen
Wir danken der **Sonne**.	Stehe aufrecht in der Grußhaltung. Gehe in die Übung Sonne und beschreibe drei große Armkreise.
Wir danken der **Erde**.	Strecke die Arme nach oben, beuge dich gestreckt vor und berühre mit den Händen den Boden.
Wir danken dem **Regen**,	Richte dich auf, strecke die Arme nach oben, senke sie langsam und bewege dabei die Finger.
der alles wachsen lässt.	Beschreibe einen großen Armkreis und lege die Handflächen vor der Brust aneinander.
Die **Erde**, sie trägt uns.	Strecke die Arme nach oben, beuge dich gestreckt vor und berühre mit den Händen den Boden.
Der **Regen** gibt uns Wasser.	Richte dich auf, strecke die Arme nach oben, senke sie langsam und bewege dabei die Finger.
Der **Wind** verbreitet den Samen	Strecke die Arme nach oben und bewege sie hin und her. Neige dabei den Oberkörper nach links und rechts.
und süßen **Blumen**duft.	Lege die Handflächen vor der Brust aneinander, löse langsam die Zeigefinger, Mittel- und Ringfinger voneinander, dehne sie nach außen und forme so eine Blume. Daumen und kleine Finger behalten Kontakt.
Die **Sonne** gibt das Licht,	Gehe in die Übung Sonne.
ohne sie gäbe es uns nicht.	Beschreibe drei große Armkreise und stehe anschließend in der Grußhaltung.

Winter

Monate:
Dezember, Januar, Februar

Die Kinder beobachten die Natur. Was verändert sich? Die Bäume verlieren die letzten Blätter. Nur die Tannen sind noch grün.
Zu Weihnachten werden viele Tannen als Weihnachtsbäume geschmückt.
Die Sonne steht tief am Himmel und die Tage werden immer kürzer.
Ein Jahr geht zu Ende, ein neues Jahr beginnt.
Manchmal schneit es und die Seen frieren zu. Die Kinder können Schlittschuh laufen und mit dem Schlitten zum Rodeln gehen.
Im Februar feiern die Kinder gern Karneval, verkleiden sich und träumen auch schon wieder vom nächsten Frühling.

Zu all diesen Begebenheiten und Veränderungen passen folgende Yoga-Übungen:

- Affengruß (S. 71)
- Affentanz (S. 71)
- Baum (S. 72)
- Blume (S. 73)
- Frosch 1 (S. 74)
- Hase 1 (S. 75)
- Hase 2 (S. 75)
- Haus (S. 76)
- Igel 1, 2, 3 (S. 77/78)
- Katze (S. 78)
- Löwe (S. 81)
- Maus (S. 81)
- Sonne (S. 83)
- Vogel 1 (S. 86)

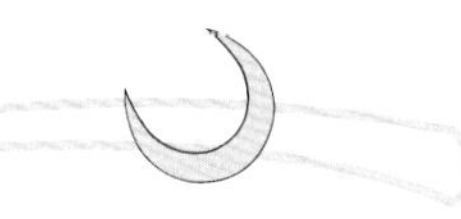

Monatsverse zum Winter

Lernziele:

- Die Kinder werden angeregt, die Natur zu beobachten.
- Sie lernen die Koordination von Sprache und Klatsch-Rhythmus.
- Sie führen die Übungen in Koordination mit dem Sprechen der Verse aus.
- Sie schulen ihre Bewegungskoordination.
- Sie schulen ihre Konzentration und Achtsamkeit.
- Sie erlangen mehr Sicherheit, das Gleichgewicht zu halten.
- Sie vertiefen ihre Atmung.
- Sie kräftigen und dehnen den Körper.
- Sie schulen die Beweglichkeit der Wirbelsäule.
- Sie kräftigen die Stimmbänder.
- Sie mobilisieren die Schultern.
- Sie lernen, abzuschalten und zu entspannen.

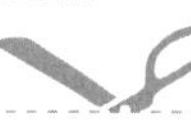

Monatsverse zum **Winter**

Name: ______________________________

Welche Übungen hast du in dem Monatsvers erkannt?	
Welche Übung gefällt dir besonders gut? Warum?	
Wie heißen die Monate im Winter?	

ISBN 978-3-8346-2506-9 | www.verlagruhr.de

Der Monat Dezember

 Monatsvers mit Bewegungen

Material:
◎ Bildkarten: Baum (S. 72), Vogel 1 (S. 86) Blume (S. 73), Sonne (S. 83), Haus (S. 76)

Darum geht's:
Die Kinder lernen den Verstext und führen die Yoga-Übungen dazu aus.

So geht's:
Führen Sie die neuen Übungen mit einem Spiel Ihrer Wahl ein, z. B. „Würfelspiel" (S. 13) und festigen Sie bekannte Yoga-Übungen.
Lesen Sie den Vers vor oder lassen Sie ein Kind vorlesen. Die Kinder hören zu und führen die Yoga-Übungen aus, wenn sie genannt werden.
Anschließend sprechen Sie Zeile für Zeile vor, die Kinder sprechen nach und sie machen gemeinsam die Bewegungen dazu.

Sprechvers	Bewegungen
Im Dezember endet das Jahr,	Gehe in die Übung Sonne.
die **Sonne** macht sich ziemlich rar.	Senke langsam die Arme.
Lichterketten schmücken **Bäume**,	Stelle dich in die Übung Baum auf dem linken Standbein.
Kinder träumen Weihnachtsträume.	Stelle dich in die Übung Baum auf dem rechten Standbein.
Die **Blumen** ruhen sich jetzt aus,	Forme mit den Händen eine Blume, lege die Finger wieder aneinander, beuge sie nach innen, sodass die Fingerrücken aneinandergelegt werden. Lege dann auch die Handrücken aneinander und strecke so die Arme nach unten.
Vögel suchen ein Vogel**haus**.	Führe die Übung Vogel aus und stehe dann in der Übung Haus.

Vers im Klatsch-Patsch-Rhythmus:
Patsche zweimal auf die Oberschenkel, klatsche zweimal in die Hände und übe so weiter: patsch, patsch, klatsch, klatsch. Sprich dazu den Verstext.

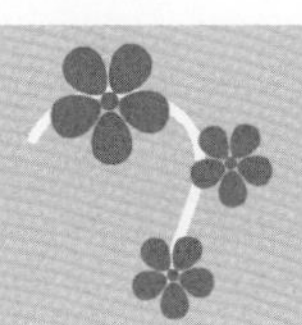

Tanz im Dezember

Material:

- Bildkarten: Baum (S. 72), Sonne (S. 83)
- CD-Player
- Musikvorschlag: „To Go Beyond" von Enya
- ggf. Eimer mit Wasser/Brandschutzdecke
- ggf. LED-Lichter

Darum geht's:

Die Kinder bewegen sich gemeinsam nach Musik und üben achtsames Gehen als Partner mit Kerzen in der Hand.
Der Tanz eignet sich gut für Aufführungen zur Weihnachtszeit.
Achtung: Stellen Sie einen Eimer mit Wasser griffbereit und eine Brandschutzdecke oder nutzen Sie LED-Lichter!

Üben Sie im Vorfeld diese beiden Partnerübungen:

1) *Doppelsonne für den Lichtertanz*
   Zwei Kinder stehen nebeneinander. Sie fassen sich an den Händen der Innenseite und halten die Arme nach unten gestreckt. Sie stellen das äußere Bein einen kleinen Schritt zur Seite. Die äußeren Arme strecken sie seitlich nach oben und halten das Licht im Glas aufrecht.

2) *Doppelbaum mit Licht im Glas für den Tanz*
   Zwei Kinder stehen nebeneinander. Das innere Bein ist das Standbein. Das äußere wird gebeugt und der Fuß an die Innenseite des inneren Beines gestellt, das Knie wird nach außen gedehnt. Die inneren Arme bleiben nach unten gestreckt am Körper oder die Partner fassen sich an den Händen an. Die äußeren Arme werden seitlich auf Schulterhöhe ausgebreitet, das Licht im Glas wird aufrecht gehalten.

So geht's:

Jedes Kind bekommt ein Teelicht im Glas. Sie stellen sich zu zweit im Kreis auf und gehen nach ruhiger Musik einmal im Kreis herum. Die Kerze halten sie jeweils in der nach außen weisenden Hand.
Wenn sie wieder an ihrem Ausgangspunkt angekommen sind, stellen sie gemeinsam die Übung Sonne dar. Das Glas mit der Kerze wird in der nach außen gerichteten Hand nach oben gehalten. Anschließend gehen sie wieder einmal im Kreis herum. (Sie können auch die Richtung ändern.)
Am Ausgangspunkt angekommen, machen sie diesmal einen Doppelbaum und halten wieder die Kerze nach oben.
So wechseln sich Yoga-Übungen und achtsames Gehen ab, bis die Musik verklungen ist.

Der Monat Januar

Monatsvers mit Bewegungen

Material:
Bildkarten: Baum (S. 72), Vogel 1 (S. 86), Haus (S. 76)

Darum geht's:
Die Kinder lernen den Verstext und koordinieren ihn mit den Bewegungen.

So geht's:
Wiederholen Sie die Yoga-Übungen mit den Bildkarten. Sprechen Sie den Verstext Zeile für Zeile vor. Die Kinder sprechen den Text nach und bewegen sich entsprechend.

Sprechvers	Bewegungen
Das Jahr beginnt im Januar.	Gehe in die Übung Baum auf dem linken Standbein.
Der **Baum** steht ohne Blätter da.	Stelle dich in die Baumübung auf dem rechten Standbein.
Vögel fliegen zum Vogel**haus**.	Führe die Übung Vogel 1 aus. Gehe dann in die Übung Haus.
Wir streuen Körner für sie aus.	Bewege die Finger und die Hände auf und ab.
Manchmal gibt's Schnee im Januar,	Strecke die Arme nach oben, senke sie und beuge dich dabei vor, bis die Hände den Boden erreichen.
Schneeflocken tanzen wunderbar.	Richte dich auf und drehe dich mit ausgebreiteten Armen einmal im Kreis herum. Wiederhole den Vers einige Male.

Vers im Klatsch-Patsch-Rhythmus:
Patsche mit den Händen zweimal auf die Oberschenkel und klatsche dann zweimal in die Hände. Wiederhole das Patschen und Klatschen: patsch, patsch, klatsch, klatsch. Sprich dazu den Verstext.

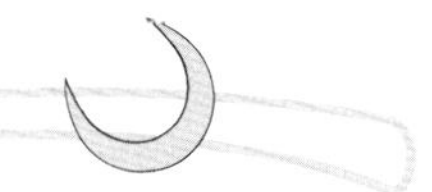

Tanz im Januar

Material:
- CD-Player
- Musikvorschlag: „The Snowy Birch Trees" von Thomas Loefke u. a.

Darum geht's:
Die Kinder stellen sich eine Winterlandschaft vor, in der sie wie Schneeflocken tanzen. Die Bäume werden weiß und die Vögel finden im Schneetreiben ein Vogelhaus.

So geht's:
Die Kinder verteilen sich frei im Raum und führen die Yoga-Übungen so aus, wie Sie sie vorsprechen. Sie sprechen den Vers und ermuntern die Kinder anschließend, wie Schneeflocken zu tanzen:

Hebe die Arme nach oben, senke die Arme mit Fingerbewegungen und beuge dich vor, bis die Finger den Boden berühren.

Wiederhole das einige Male.

Drehe dich im Kreis herum, zuerst nach links, dann nach rechts.
Hebe und senke die Arme wieder, bis die Finger den Boden berühren.
Gehe in die Baumübung zuerst auf dem linken, dann auf dem rechten Standbein.
Drehe dich im Kreis herum, zuerst nach links, dann nach rechts.

Mache einige Male die Übung Vogel 1 und stelle dich dann in die Übung Haus.

Der Monat Februar

Monatsvers mit Bewegungen

Material:
- Bildkarten: Vogel 1 (S. 86), Maus (S. 81), Hase 1 (S. 75) und Hase 2 (S. 75)

Darum geht's:
Die Kinder lernen den Vers. Sie koordinieren das Sprechen mit den Yoga-Übung und dem Patsch-Klatsch-Rhythmus.

So geht's:
Üben Sie mit den Kindern den Patsch-Klatsch-Rhythmus. Anschließend sprechen Sie den Text und patschen und klatschen gemeinsam mit den Kindern dazu. Fragen Sie die Kinder, welche Yoga-Übungen sie erkannt haben und integrieren Sie dann das Sprechen mit den Yoga-Übungen und dem Patschen und Klatschen in den ersten beiden Zeilen.

Sprechvers	Bewegungen
Jetzt haben wir schon Februar.	Patsche zweimal auf die Oberschenkel.
Wir feiern Fasching, ist doch klar.	Und klatsche zweimal in die Hände.
Die **Vögel** tanzen heute froh.	Gehe in die Übung Vogel 1 …
Sie singen dabei „Ah – Oh".	… und wiederhole sie noch zweimal.
Mäuse sind jetzt kleine **Hasen**.	Rolle dich ein in der Übung Maus und gehe anschließend in die Übung des Hasen 1 oder Hasen 2.
Clowns tanzen mit roten Nasen.	Richte dich wieder auf, lege den Zeigefinger auf deine Nasenspitze und drehe dich einmal im Kreis herum.

Tanz im Februar

Material:
- Bildkarten (S. 71–87)
- CD-Player
- Musikvorschlag: „Rabatz" von Nena

Darum geht's:
Dies ist ein Faschingstanz nach dem Stopptanzprinzip. Die Kinder achten auf den Rhythmus der Musik und bewegen sich entsprechend. Sie konzentrieren sich auf die Rolle als Clown, wenn die Musik aussetzt, und auf die Yoga-Übungen, die angesagt werden. Beim Tausch der Rollen konzentrieren sie sich aufeinander und schulen ihre Merkfähigkeit.

So geht's:
Die Kinder bewegen sich frei nach lustiger Musik. Bei Musikstopp sind alle Kinder Clowns und tanzen wie Clowns. Beim nächsten Stopp gehen sie in eine Yoga-Übung und tanzen wie Bäume, Affen, Hasen …
Beim nächsten Stopp gehen je zwei Kinder zusammen und tauschen ihre Rollen usw.

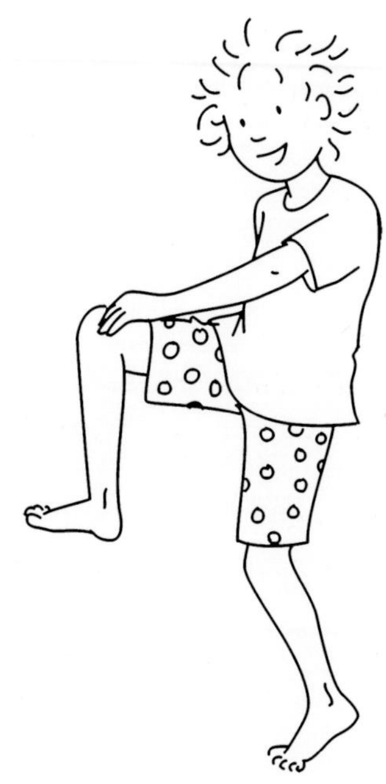

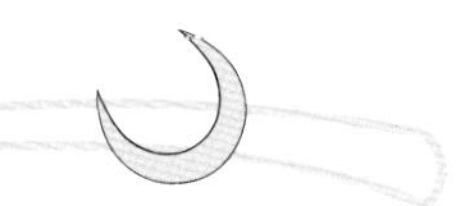

Wintergedicht

Für das Wintergedicht müssen die Kinder die Yoga-Übungen Sonne, Vogel, Haus, Baum und Blume kennen.

Darum geht's:
Die Kinder lernen den Text und koordinieren das Sprechen mit den Bewegungen. Dabei werden sie aufmerksam für die Begebenheiten in der Natur.

So geht's:
Wiederholen Sie mit den Kindern die Yoga-Übungen mit einem Spiel „Yoga-Box" (S. 12) oder Flaschendrehen (S. 14).
Lesen Sie das Gedicht vor. Die Kinder benennen anschließend die Yoga-Übungen, die sie erkannt haben. Sprechen Sie dann gemeinsam mit den Kindern das Gedicht und führen dabei die Übungen aus.
Bei den Wiederholungen können auch die Kinder das Gedicht vorlesen oder vorsprechen.

Sprechvers	Bewegungen
Lass den Winter ins Herz hinein,	Stehe aufrecht und breite die Arme weit zu den Seiten aus, lege die Handflächen auf dein Herz.
genieße den Winter**sonnen**schein.	Grätsche die Beine und führe die Arme in die V-Stellung nach oben.
Vögel suchen ein Vogel**haus**.	Mache dreimal die Übung Vogel 1 und töne dazu „Ah – Oh". Stehe dann in der Übung Haus.
Vielleicht streust du auch ein paar Körnchen aus?	Strecke die Arme nach oben, senke die Arme und bewege die Finger, beuge dich dabei vor, bis die Finger den Boden berühren.
Der **Baum** ist kahl, hat keine Blätter,	Stelle dich in die Übung Baum auf dem linken Standbein.
Schneeflocken tanzen bei kaltem Wetter.	Gehe in die Baumübung auf dem rechten Standbein.
Die Erde wird weiß, der Schnee deckt sie zu.	Beuge dich vor und berühre den Boden mit den Fingern.
Die **Blumen** schlafen, sie finden jetzt Ruh'.	Richte dich wieder auf und forme mit den Händen eine Blume.
Lass den Winter ins Herz hinein,	Breite die Arme seitlich aus und lege die Hände wieder auf dein Herz.
genieße den Winter**sonnen**schein.	Gehe in die Übung Sonne und mache drei Armkreise.

Rückenmassage zum Winter

Darum geht's:
Rückenmassagen sind bei Kindern sehr beliebt, sie schaffen eine friedliche Stimmung und werden von den Kindern, die Erfahrungen damit gemacht haben, immer wieder eingefordert.
Bei dieser Massage vertiefen die Kinder den Text vom Wintergedicht. Gleichzeitig entspannen sie sich und erleben ein gutes Gemeinschaftsgefühl.

So geht's:
Besprechen Sie, wenn erforderlich, die Regeln für eine Rückenmassage (S. 9).
Sie entscheiden, ob Sie eine Gruppen- oder Partnermassage ausführen wollen.
Entsprechend fordern Sie die Kinder auf, Paare zu bilden oder sich in die Kreisform zu setzen. Sie sprechen den Text und zeigen die Massagebewegungen an einem Kind oder in der Luft. Die Kinder massieren sich abwechselnd und bedanken sich anschließend gegenseitig beieinander.

Sprechvers	Massage
Lass den Winter ins Herz hinein,	Male ein großes Herz auf den Rücken.
genieße den Wintersonnenschein.	Streiche den Rücken mit gespreizten Fingern in alle Richtungen aus.
Vögel suchen ein Vogelhaus.	Knete sanft die Schultern.
Vielleicht streust du auch ein paar Körnchen aus?	Tippe mit allen Fingerkuppen über den Rücken.
Der Baum ist kahl, hat keine Blätter,	Streiche mit den Händen neben der Wirbelsäule von unten nach oben und mit den Fingern an den Seiten wieder herunter.
Schneeflocken tanzen bei kaltem Wetter.	Bewege die Fingerkuppen auf dem Rücken hin und her und im Kreis.
Die Erde wird weiß, der Schnee deckt sie zu.	Drücke sanft die Handflächen an den Rücken.
Die Blumen schlafen, sie finden jetzt Ruh'.	Male mit den Zeigefingern Blumen auf den Rücken
Lass den Winter ins Herz hinein,	Male ein großes Herz auf den Rücken.
genieße den Wintersonnenschein.	Reibe die Handflächen aneinander und legedie warmen Hände auf.

Eine Wintergeschichte

Material:

- Bildkarten: Affengruß (S. 71), Affentanz (S. 71), Baum (S. 72), Frosch 1 (S. 74), Hase 1 und 2 (S. 75), Igel 1 und 2 oder 3 (S. 77/78), Katze (S. 78), Löwe (S. 81), Vogel 1 (S. 86)

So geht's:

Regen Sie die Kinder an, die Merkmale des Winters zu beschreiben:
„Woran erkennen wir, dass es Winter ist? Welche Yoga-Übungen passen zum Winter?"
Wiederholen Sie die Yoga-Übungen, die in der Geschichte vorkommen, mit dem Spiel „Aufdecken bitte!" (S. 12).
Sie lesen die Geschichte vor und die Kinder zählen, wie viele Yoga-Übungen sie erkannt haben (8 Stück).
Sie erzählen die Geschichte und die Kinder führen die genannten Yoga-Übungen aus.
Anschließend können die Kinder überlegen, was noch im Winter passiert.

Es ist kalt. Die **Bäume** sind kahl, haben keine **Blätter** und Früchte mehr.
Deshalb fliegen die **Vögel** lieber zum Vogel**haus**. Zum Glück denken viele Menschen daran, dass die **Vögel** jetzt Futter brauchen und bauen Vogel**häuser** oder hängen Futterringe in die **Bäume**.
Die **Igel** machen es sich im Winter gemütlich. Sie suchen sich einen warmen Platz und schlafen bis zum nächsten Frühling.
Die Tage sind im Winter sehr kurz.
Es wird spät hell und früh dunkel.
Viele Menschen zünden deshalb Kerzen an, um sich Wärme und Licht in die Wohnung zu holen. Besonders in der Weihnachtszeit leuchten in vielen **Häusern** Kerzen an geschmückten **Bäumen**.
Wenn die Tage wieder etwas länger werden, feiern wir Karneval. Bei diesem Fest verkleiden und schminken sich Erwachsene und auch die Kinder gern, verwandeln sich in **Hasen, Vögel, Frösche, Löwen,** die laut brüllen, lustige Affen, die gern einen **Affentanz** tanzen oder einen lustigen Clown.
So vertreiben sie den Winter und freuen sich auf den Frühling.

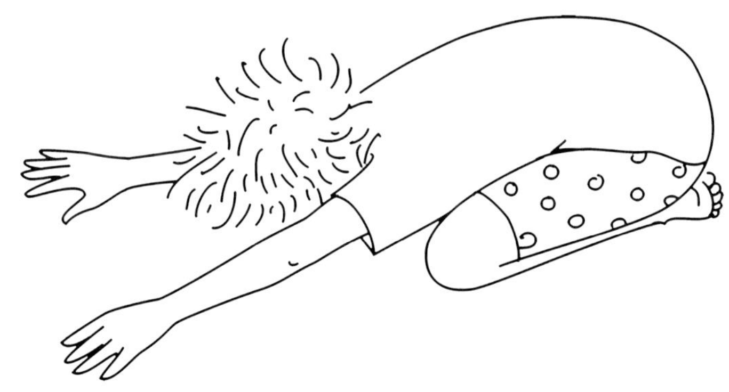

Entspannungsgeschichte zum Winter

Material:
- Klangschale oder Klangstab
- Shanti oder Glockenspiel
- Kalimba

Darum geht's:
Die Kinder lernen, sich zu entspannen durch den Fokus auf ihren Körper. Sie verbinden einzelne Körperteile mit bestimmten Instrumenten und lassen mithilfe der Vorstellungskraft die Töne im Körper „klingen".

So geht's:
Sprechen Sie ruhig und langsam diesen Text:

Suche dir einen bequemen Platz. Schließe deine Augen.
Stelle dir einen Wintertag vor. Draußen ist es kalt, aber du bist in einem warmen Raum.
Stelle dir das warme Sonnenlicht im Sommer vor. (Sie schlagen die Klangschale.)
Das Sonnenlicht wärmt deinen Bauch. Lege die Hände auf deinen Bauch.
Du spürst die Wärme im Bauch und merkst, wie sie sich vom Bauch aus im Körper ausbreitet.
Lege die Hände auf deine Stirn. (Sie spielen auf der Kalimba.)
Du spürst das warme Sonnenlicht in deinem Stirnraum. Das Sonnenlicht breitet sich von der Stirn aus in deinem Körper aus.
Nun lege deine Hände auf dein Herz. (Sie lassen die Shanti oder ein Glockenspiel erklingen.)
Das Sonnenlicht macht deinen Herzraum warm. Von deinem Herzraum aus strömt ein warmes Gefühl in deinen ganzen Körper. Genieße das Gefühl.
Spüre abwechselnd in deinen Bauch, in den Kopf und in dein Herz. (Sie schlagen abwechselnd die passenden Instrumente an.)

Beginne langsam wieder, dich zu rekeln und zu strecken, und werde wieder munter.

Winter-Ritual

Darum geht's:
Dieser Ablauf hilft, dunkle Stimmungen, Ängste und Unsicherheiten zu überwinden. Besonders in der dunklen Jahreszeit, wenn die Tage kurz sind und die Kinder viel Zeit in Räumen verbringen, hilft dieser Bewegungsablauf, die Stimmung aufzuheitern. Dabei dehnen und strecken sie den ganzen Körper und bewegen die Wirbelsäule in sechs Richtungen. Mithilfe der Vorstellungskraft füllen sie ihren Herzraum mit dem Licht und der Wärme der Sonne, die wir in der dunklen Jahreszeit oft vermissen.

So geht's:
Die Kinder sprechen den Text und führen die vorgegebenen Bewegungen dazu aus. In Partner- und Gruppenarbeit können sie auch eigene Bewegungsformen finden.

Ich sammle warme **Sonnen**strahlen,	Stelle dich in die Übung Sonne.
möchte sie im Herzen haben.	Senke die Arme über die Seiten und lege die Handflächen auf dein Herz.
Liebe **Sonne**, schicke mir dein Licht,	Gehe wieder in die Übung Sonne und mache eine Rückbeuge.
und bitte, vergiss den Rücken nicht.	Beuge dich vor, wenn es möglich ist, mit gestreckten Beinen, sonst beuge die Knie leicht ein. Lege die Hände vor dir auf den Boden.
Hallo, Sonne, bist du noch da?	Drehe deinen Oberkörper nach links und rechts auf. Dabei liegt eine Hand am Boden, die andere Hand wird nach oben gerichtet, während sich der Oberkörper aufdreht. Schaue in die obere Hand.
Dein Licht ist einfach wunderbar.	Richte dich langsam wieder auf und gehe in die Übung Sonne.
Es gibt mir Kraft, es gibt mir Mut und tut meinem Körper gut.	Bilde Fäuste, beuge die Ellbogen ein und ziehe die Oberarme zu den Oberkörperseiten, strecke die Arme wieder, spreize die Finger und wiederhole das Einbeugen der Ellbogen. Dann strecke die Arme und senke sie über die Seiten, lege die Hände auf dein Herz.
Es wärmt mein Herz und stimmt mich froh. Mir geht es gut, einfach so.	Strecke die Arme noch einmal nach oben und senke sie wieder.
Danke, liebe Sonne, dass du immer da bist.	Lege die Hände in die Grußhaltung und beuge den Oberkörper vor. Wiederhole den Ablauf einige Male.

Rap zu den Jahreszeiten

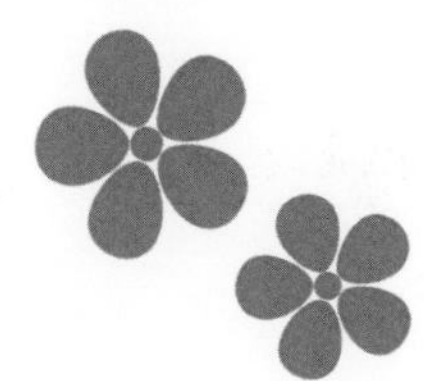

Für den Rap müssen die Kinder die Yoga-Übungen Blume, Sonne, Sonnenblume und Baum kennen.

Darum geht's:
Die Kinder lernen, sich rhythmisch zu bewegen und das Bewegen mit Yoga-Übungen zu koordinieren. Sie machen sich beim „Rappen" die Besonderheiten der Jahreszeiten bewusst.

So geht's:
Die Kinder sprechen den Text und führen zunächst die vorgegebenen Bewegungen dazu aus. In Partner- und Gruppenarbeit können sie auch eigene Bewegungsformen finden.

Sprechvers	Bewegungen
Das Jahr hat vier Jahreszeiten,	Stelle den rechten Fuß zur Seite und ziehe den linken Fuß heran. Gleichzeitig halte den rechten Handrücken vor die Stirn, strecke die vier Finger, lege den Daumen in die Handfläche, dehne den Ellbogen nach außen und senke den Arm.
die uns durch das Jahr begleiten.	Mache die gleiche Bewegung zur linken Seite und wechsle die Bewegungen einige Male ab.
Der Frühling schenkt uns **Blumen**duft.	Mache weiter die Fußbewegungen und forme mit den Händen eine Blume.
Der **Sonnen**schein erwärmt die Luft.	Gehe in die Übung Sonne und beschreibe einen Armkreis.
Das Jahr hat vier Jahreszeiten,	Stelle den rechten Fuß zur Seite und ziehe den linken Fuß heran. Gleichzeitig halte den rechten Handrücken vor die Stirn, strecke die vier Finger, lege den Daumen in die Handfläche, dehne den Ellbogen nach außen und senke den Arm.
die uns durch das Jahr begleiten.	Mache die gleiche Bewegung zur linken Seite und wechsle die Bewegungen einige Male ab.
Im Sommer können wir schwimmen gehen	Bewege die Füße wie am Anfang und beschreibe mit den Händen Schwimmbewegungen.
und viele **Sonnenblumen** sehen.	Stehe aufrecht in der Übung Sonnenblume.
Das Jahr hat vier Jahreszeiten,	Stelle den rechten Fuß zur Seite und ziehe den linken Fuß heran. Gleichzeitig halte den rechten Handrücken vor die Stirn, strecke die vier Finger, lege den Daumen in die Handfläche, dehne den Ellbogen nach außen und senke den Arm.

Sprechvers	Bewegungen
die uns durch das Jahr begleiten.	Mache die gleiche Bewegung zur linken Seite und wechsle die Bewegungen einige Male ab.
Im Herbst trägt der **Baum** bunte Blätter,	Gehe in die Übung Baum auf dem linken Standbein mit ausgebreiteten Armen. Bewege die Finger wie tanzende Blätter.
die tanzen bei windigem Wetter.	Gehe in die Übung Baum auf dem rechten Standbein mit ausgebreiteten Armen. Bewege die Finger wie tanzende Blätter.
Das Jahr hat vier Jahreszeiten,	Stelle den rechten Fuß zur Seite und ziehe den linken Fuß heran. Gleichzeitig halte den rechten Handrücken vor die Stirn, strecke die vier Finger, lege den Daumen in die Handfläche, dehne den Ellbogen nach außen und senke den Arm.
kahl steht dann der Winter**baum**	Mache die Übung Baum auf dem linken Standbein und lege über dem Kopf die Handflächen aneinander.
und träumt einen Wintertraum.	Mache die Übung Baum auf dem rechten Standbein und lege über dem Kopf die Handflächen aneinander.

Kopiervorlagen

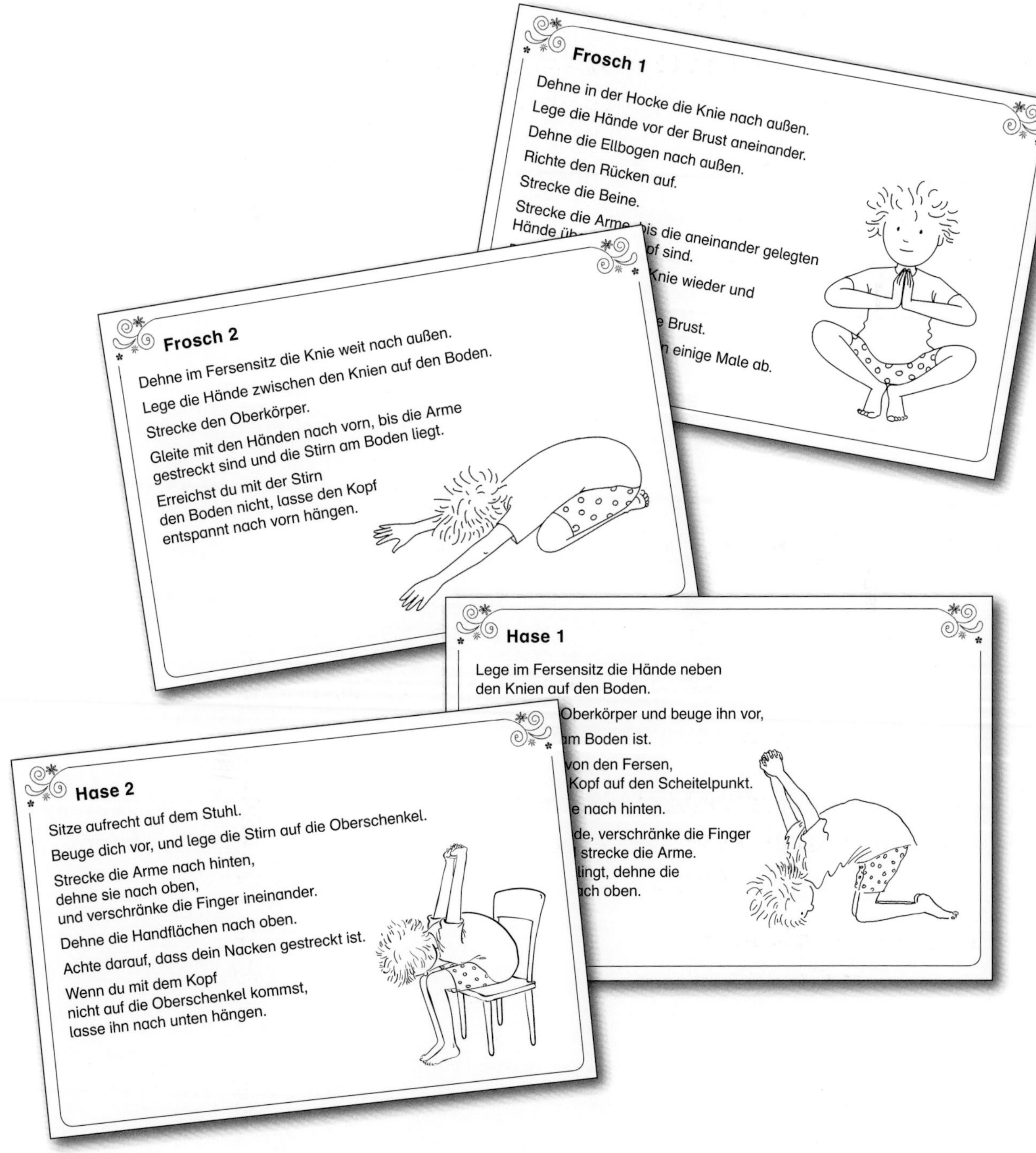

Allgemeine Fragekarten

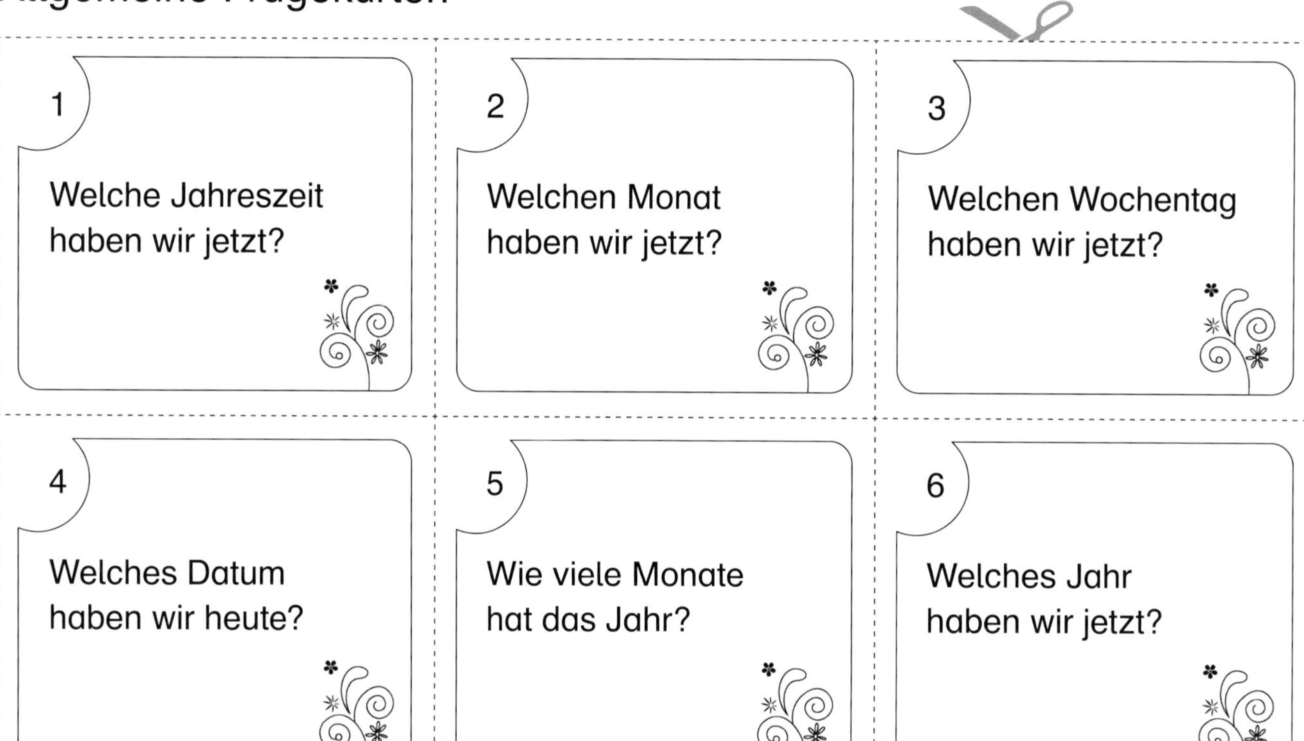

Fragen zu den Bildkarten

ISBN 978-3-8346-2506-9 | www.verlagruhr.de

Fragen zu den Bildkarten

Wo ist ein Tier, das aus einem Ei geschlüpft ist?

(Vogel 2)

© D. Wolters

Wo ist ein Himmelskörper, der in der Nacht am Himmel steht und funkelt?

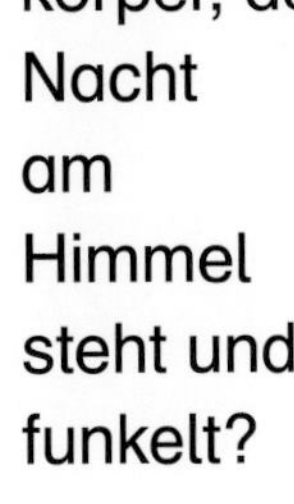

(Stern 1)

© D. Wolters

Wo ist ein Himmelskörper, der mal rund und manchmal auch nur halb zu sehen ist.

(Mond) (Halbmond)

© D. Wolters

Wo ist ein grünes Tier, das hoch und weit springen kann?

(Frosch)

© D. Wolters

Wo ist ein Tier mit Stacheln?

(Igel)

© D. Wolters

Wo ist der Himmelskörper, der deine Wünsche erfüllt?

(Sternschnuppe)

© D. Wolters

Wo ist ein Tier, das gerne den Nektar der Blumen trinkt?

(Biene)

© D. Wolters

Wo ist ein Tier, das lange Ohren hat?

(Hase 1)

© D. Wolters

Wo ist ein Tier, das rote Beine hat und gern auf einem Bein steht?

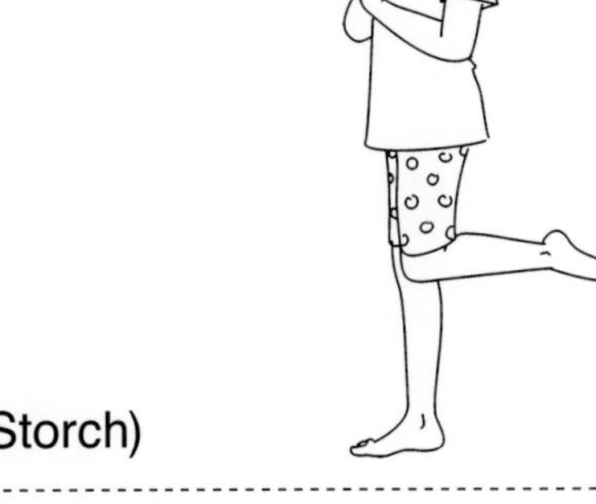

(Storch)

© D. Wolters

ISBN 978-3-8346-2506-9 | www.verlagruhr.de

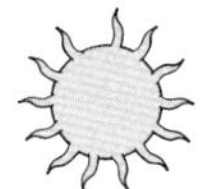

Fragen zu den Bildkarten

Wo ist ein Tier, das im Herbst in wärmere Länder fliegt und im Frühling wiederkommt?

(Kranich)

Wo ist eine Pflanze, die auf dem Wasser blüht?

(Lotusblume)

Wo ist eine Pflanze, die in bunten Farben blüht und duftet?

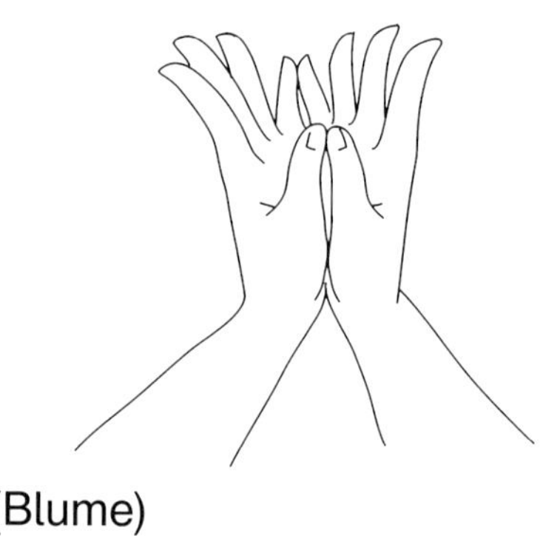

(Blume)

Wo ist ein Tier, das sehr laut brüllen kann?

(Löwe)

Wo ist ein Tier, das sehr gerne Mäuse frisst?

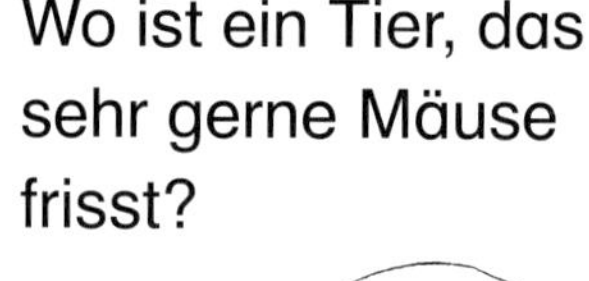

(Katze)

Wo ist ein Tier das gern lustig ist?

(Affentanz)

Wo ist ein Tier, das mit den Flügeln um die Blumen herumflattert?

(Schmetterling)

Wo ist eine Pflanze, die einen langen Stiel hat und gelbe Blütenblätter?

(Sonnenblume)

Wo ist das Tier, das Angst vor Katzen hat?

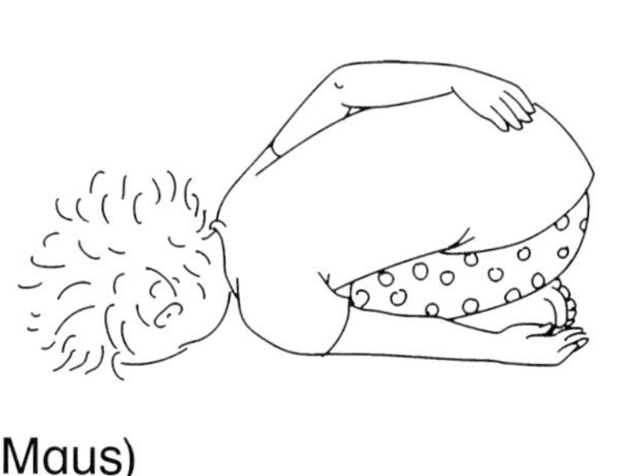

(Maus)

ISBN 978-3-8346-2506-9 | www.verlagruhr.de

Fragen zu den Bildkarten

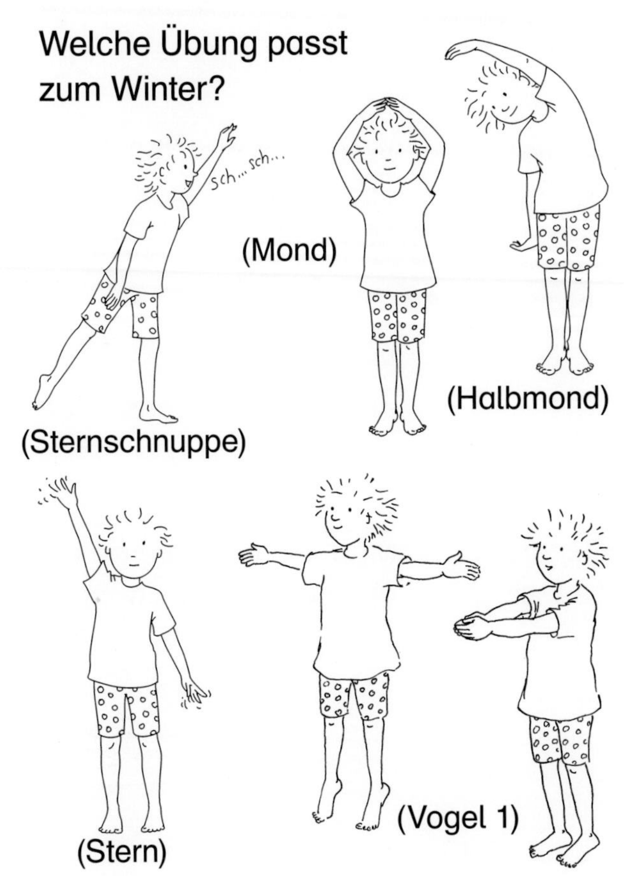

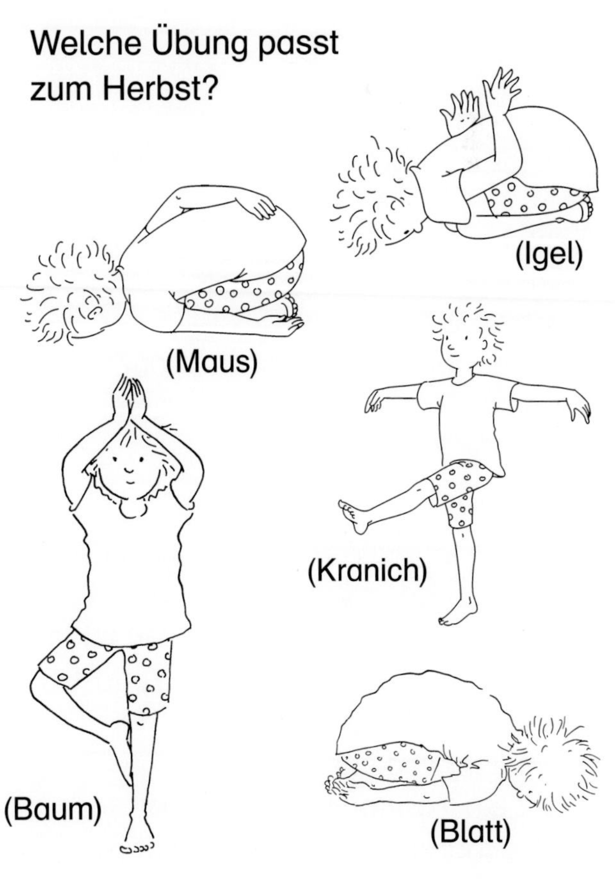

ISBN 978-3-8346-2506-9 | www.verlagruhr.de

Zahlenkarten

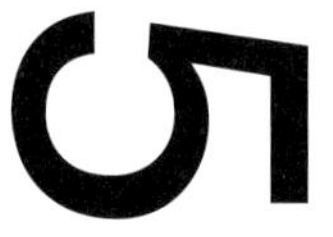		
	4	

Aufgabenkarten

Suche die Bildkarten, die zum Sommer passen und mache die Übungen. Zähle in jeder Übung bis 10.	Welche Übungen findest du im Monatsvers März? Sprich den Vers und mache dazu die Übungen.	Suche dir drei Yoga-Übungen aus und finde heraus, wie du die Übungen gemeinsam mit einem Partner ausführen kannst.
Welche Übungen findest du im Gedicht zum Winter? Schreibe die Übungen auf und mache jede Übung.	Suche Bildkarten, die zum Monat September passen. Schreibe die Übungen auf und mache jede Übung dreimal.	Welche Yoga-Übungen findest du im Monatsvers Mai? Schreibe sie auf. Kreise die Übungen ein, die mit dem Buchstaben „B“ beginnen.
Suche dir einen Partner. Lest euch gegenseitig ein Jahreszeiten-Gedicht vor. Wenn du liest, macht dein Partner die Übungen, die im Gedicht vorkommen. Liest dein Partner, führst du die Übungen aus.	Suche dir drei Bildkarten und schreibe eine kleine Geschichte zu den Yoga-Übungen.	Male einen Winterbaum und dich in der Übung Vogel 1.

ISBN 978-3-8346-2506-9 | www.verlagruhr.de

Affengruß

Stehe aufrecht.

Trommle dir mit den Fäusten auf die Brust.

Du kannst dabei ein lautes „Uaaah“ tönen.

© D. Wolters

Affentanz

Stehe aufrecht.

Hüpfe abwechselnd von einem auf das andere Bein.

Hebe dabei die Knie und schlage
die rechte Hand auf das linke Knie und
die linke Hand auf das rechte Knie.

© D. Wolters

ISBN 978-3-8346-2506-9 | www.verlagruhr.de

Baum

Stehe aufrecht.

Richte die Augen auf einen Punkt.

Verlagere das Gewicht des Körpers auf den linken Fuß.

Stelle den rechten Fuß an die Innenseite des linken Beines.

Dehne das Knie nach außen.

Hebe die Arme und lege die Handflächen über dem Kopf aneinander.

Mache die gleiche Übung auf dem anderen Bein.

Biene

Stehe aufrecht.

Breite die Arme auf Schulterhöhe aus.

Beuge die Knie.

Beuge den Oberkörper aus den Hüften heraus vor, bis der Bauch die Oberschenkel berührt.

Summe wie ein Biene und bewege die Finger dabei.

ISBN 978-3-8346-2506-9 | www.verlagruhr.de

Blatt

Sitze aufrecht im Fersensitz.

Lege die Hände mit den Handrücken auf den Boden.

Die Fingerspitzen weisen nach hinten.

Beuge dich vor, bis dein Kopf den Boden berührt.

Lasse die Hände dabei nach hinten gleiten.

Entspanne die Schultern.

Blume

Stehe oder sitze aufrecht.

Lege deine Handflächen vor der Brust aneinander.

Dehne die Ellbogen zu den Seiten.

Löse die Finger voneinander,
spreize sie und dehne sie nach außen.

Der Daumen und kleine Finger
behalten Kontakt.

Bildkarten (4/17)

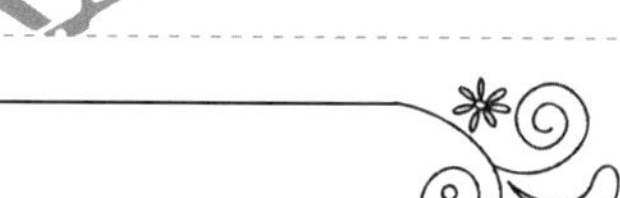

Frosch 1

Dehne in der Hocke die Knie nach außen.

Lege die Hände vor der Brust aneinander.

Dehne die Ellbogen nach außen.

Richte den Rücken auf.

Strecke die Beine.

Strecke die Arme, bis die aneinandergelegten Hände über dem Kopf sind.

Beuge Ellbogen und Knie wieder und komme in die Hocke.

Senke die Hände vor die Brust.

Wechsle die Bewegungen einige Male ab.

© D. Wolters

Frosch 2

Dehne im Fersensitz die Knie weit nach außen.

Lege die Hände zwischen den Knien auf den Boden.

Strecke den Oberkörper.

Gleite mit den Händen nach vorn, bis die Arme gestreckt sind und die Stirn am Boden liegt.

Erreichst du mit der Stirn den Boden nicht, lasse den Kopf entspannt nach vorn hängen.

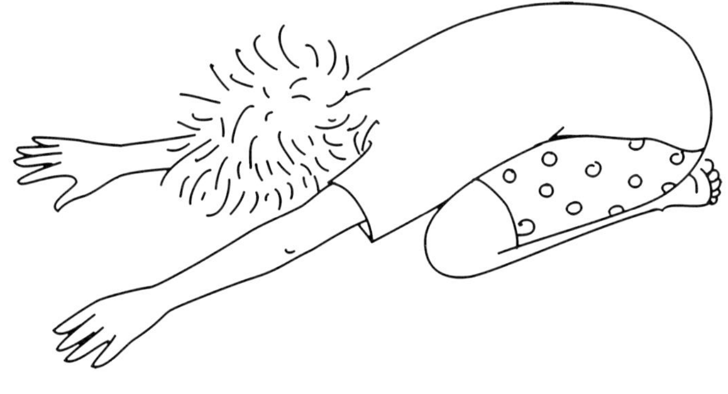

© D. Wolters

ISBN 978-3-8346-2506-9 | www.verlagruhr.de

Hase 1

Lege im Fersensitz die Hände neben den Knien auf den Boden.

Strecke den Oberkörper und beuge ihn vor, bis die Stirn am Boden ist.

Löse den Po von den Fersen und rolle den Kopf auf den Scheitelpunkt.

Führe die Arme nach hinten.

Fasse die Hände, verschränke die Finger ineinander und strecke die Arme. Wenn es dir gelingt, dehne die Handflächen nach oben.

Hase 2

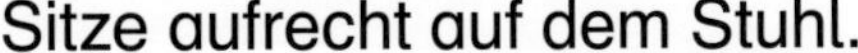

Sitze aufrecht auf dem Stuhl.

Beuge dich vor und lege die Stirn auf die Oberschenkel.

Strecke die Arme nach hinten, dehne sie nach oben und verschränke die Finger ineinander.

Dehne die Handflächen nach oben.

Achte darauf, dass dein Nacken gestreckt ist.

Wenn du mit dem Kopf nicht auf die Oberschenkel kommst, lasse ihn nach unten hängen.

ISBN 978-3-8346-2506-9 | www.verlagruhr.de

Bildkarten (6/17)

Halbmond

Stehe aufrecht und hebe die Arme gestreckt nach oben.

Dehne den Oberkörper nach rechts und links.

Halte dabei die Füße fest am Boden und das Becken aufgerichtet.

Lege beim Dehnen nach rechts den rechten Handrücken seitlich an den Oberschenkel.

Dehne den linken Arm über dem Kopf mit dem Oberkörper nach rechts.

Mache das Gleiche zur anderen Seite.

Haus

Stehe aufrecht.

Hebe die Arme über die Seiten nach oben.

Lege über dem Kopf die Handflächen aneinander.

Dehne den Körper in die Länge.

ISBN 978-3-8346-2506-9 | www.verlagruhr.de

Igel 1

Lege im Fersensitz die Hände mit den Handrücken an den Boden, die Fingerspitzen weisen nach hinten.

Bringe den Kopf langsam zum Boden und lasse die Hände dabei nach hinten gleiten, bis sie neben den Füßen sind.

Lege die Handrücken auf den Rücken und richte die Finger als Stacheln nach oben auf.

© D. Wolters

Igel 2

Sitze aufrecht auf dem Stuhl.

Lege die Handrücken neben den Oberschenkeln auf die Sitzfläche.

Beuge den Oberkörper vor und lege den Bauch auf die Oberschenkel.

Lege die Handrücken auf den Rücken und richte die Finger nach oben.

Lasse den Kopf auf die Knie sinken.

© D. Wolters

Bildkarten (8/17)

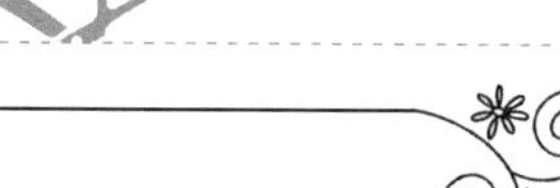

Igel 3 im Stand

Stehe aufrecht.

Beuge die Knie, lass aber die Füße fest am Boden.

Beuge den Oberkörper gestreckt vor,
bis der Bauch auf den Oberschenkeln liegt.

Lege die Handrücken auf den Rücken.

Strecke die Finger als „Stacheln“
nach oben.

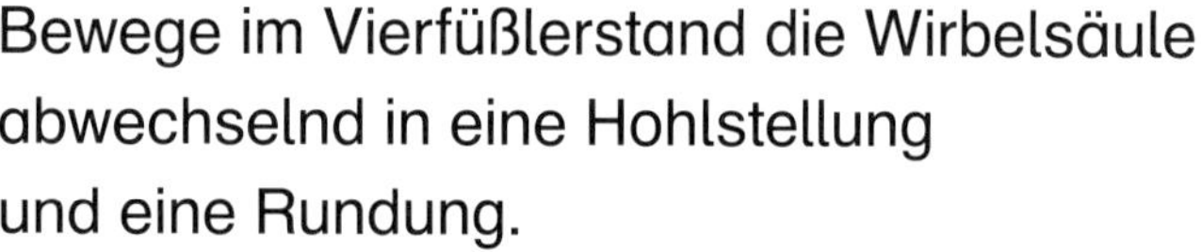

Katze

Bewege im Vierfüßlerstand die Wirbelsäule
abwechselnd in eine Hohlstellung
und eine Rundung.

Töne dabei „Miau“ und „Mio“.

Richte bei „Miau“ den Blick nach oben
und dehne das Brustbein und
die Sitzbeine nach oben.

Wölbe bei „Mio“ die Wirbelsäule nach oben
und richte den Blick nach unten
zum Bauchnabel.

Rolle den unteren Teil
der Wirbelsäule nach innen.

ISBN 978-3-8346-2506-9 | www.verlagruhr.de

Knospe

Lege die Handflächen vor der Brust aneinander.

Dehne die Ellbogen zu den Seiten.

Drücke die Handflächen fest aneinander.

Kranich

Ziehe im aufrechten Stand das rechte Knie hoch zum Körper.

Breite die Arme seitlich auf Schulterhöhe aus.

Klappe die Hände nach unten ab, die Finger weisen zum Boden.

Strecke das rechte Bein nach vorn und senke langsam den Fuß zum Boden. Dabei senke langsam die Arme und hebe das linke Knie hoch zum Körper.

Breite die Arme auf Schulterhöhe aus. Klappe die Hände nach unten ab, die Finger weisen zum Boden.

Strecke das linke Bein und stelle den Fuß langsam auf den Boden. Senke dabei langsam die Arme. Wiederhole die Übung einige Male.

ISBN 978-3-8346-2506-9 | www.verlagruhr.de

Lotosblume

Lege im Sitz mit gekreuzten Beinen die Handflächen vor der Brust aneinander.

Beuge den Oberkörper weit vor, bis die Stirn am Boden liegt.

So schläft die Lotosblume.

Richte dich langsam auf.

Strecke die Arme und halte dabei die Handflächen fest aneinandergedrückt.

Wenn die Arme gestreckt sind, befinden sich die aneinanderliegenden Hände über dem Scheitelpunkt und die Oberarme neben den Ohren.

Das ist die Knospe.

Breite die Arme seitlich auf Schulterhöhe aus.

Richte die Unterarme senkrecht zu den Oberarmen auf.

Klappe die Handflächen nach oben auf.

So leuchtet die Blüte.

Wenn die Blume ihre Blütenblätter wieder zusammenfaltet, strecke die Arme wieder.

Lege die Handflächen über dem Kopf aneinander.

Beuge die Ellbogen und senke die Hände vor die Brust.

Beuge den Oberkörper gestreckt vor, bis die Stirn am Boden liegt.

ISBN 978-3-8346-2506-9 | www.verlagruhr.de

Löwe

Sitze aufrecht auf den Fersen.

Lege die Hände auf die Knie.

Strecke die Arme nach vorn und spreize die Finger.

Reiße die Augen auf, öffne weit den Mund.

Strecke die Zunge weit raus.

Brülle wie ein Löwe.

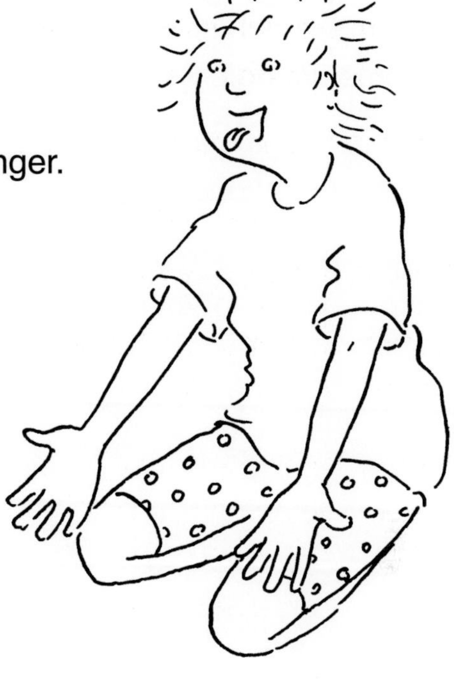

Maus

Lege im Fersensitz die Hände mit den Handrücken an den Boden. Die Fingerspitzen weisen nach hinten.

Bringe den Kopf langsam zum Boden.

Lasse die Hände dabei nach hinten gleiten, bis sie neben den Füßen sind.

Lege einen Handrücken auf den unteren Rücken, das ist der Schwanz der Maus.

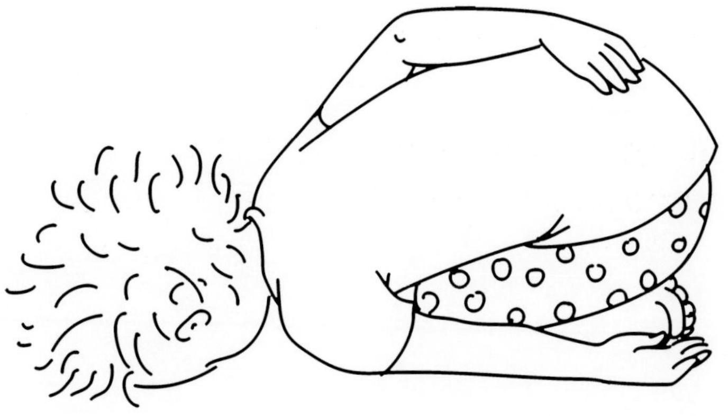

Mond

Hebe im aufrechten Stand
die Arme über die Seiten.

Lege die Mittelfingerkuppen
über dem Kopf aneinander.

Dehne die Ellbogen nach außen
und forme so den Vollmond.

Schlange (Kobra)

Lege in der Bauchlage die Hände in Brusthöhe an den Boden.

Richte den Oberkörper auf und lasse die Schultern sinken.

Strecke die Zunge heraus, ziehe sie wieder ein und wiederhole
das Herausstrecken und Einziehen einige Male und zische laut.

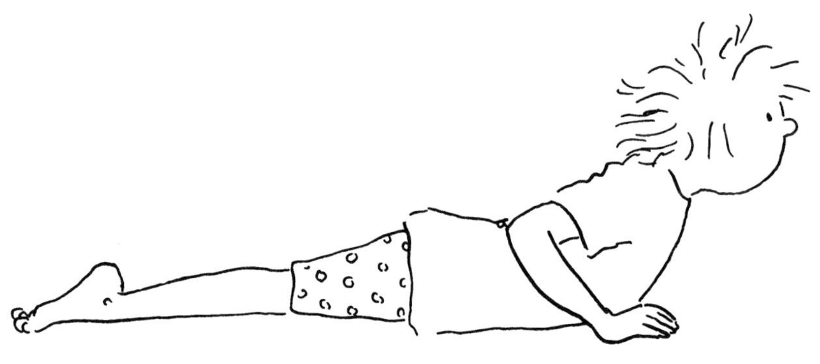

ISBN 978-3-8346-2506-9 | www.verlagruhr.de

Schmetterling

Sitze aufrecht.

Lege die Fußsohlen aneinander.

Fasse die Füße mit beiden Händen.

Dehne die Knie nach außen.

Halte dabei den Rücken aufrecht.

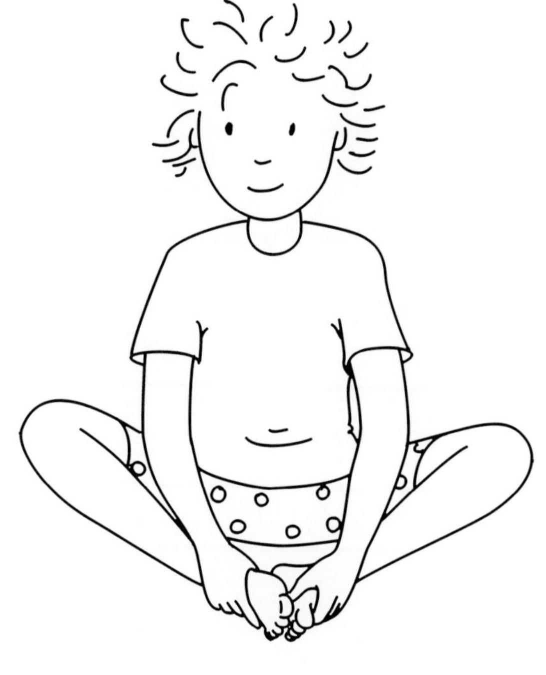

Sonne

Grätsche im aufrechten Stand die Beine.

Hebe die Arme geöffnet nach oben.

Spreize die Finger und hebe das Brustbein.

ISBN 978-3-8346-2506-9 | www.verlagruhr.de

Bildkarten (14/17)

Sonnenblume

Hebe im aufrechten Stand die Arme
über die Seiten.

Spreize die Finger.

Halte die Fingerkuppen in einem kleinen Abstand
voneinander entfernt voreinander.

Dehne die Ellbogen nach außen.

Stern 1

Stehe aufrecht.

Hebe den rechten Arm nach oben
und strecke den linken Arm nach unten.

Drehe den Oberkörper nach links und rechts.

Bewege dabei deine Finger.

Hebe dann den linken Arm nach oben
und strecke den rechten Arm nach unten.

Drehe den Oberkörper nach links und rechts
und bewege die Finger.

ISBN 978-3-8346-2506-9 | www.verlagruhr.de

Stern 2

Stelle im Kniestand das rechte Bein seitlich aus.

Richte die Zehen nach vorn und halte sie in einer Linie mit dem Knie.

Breite die Arme seitlich auf Schulterhöhe aus.

Neige den Oberkörper zur linken Seite.

Stütze die Fingerkuppen oder die Handfläche an der Knieseite an den Boden.

Dehne den rechten Arm nach oben und bewege locker die Finger.

Richte dich wieder auf und führe das Gleiche zur anderen Seite aus.

Sternschnuppe

Hebe im aufrechten Stand den linken Arm nach oben.

Lege die rechte Hand auf den rechten Oberschenkel.

Schiebe das rechte Bein gestreckt nach hinten.

Töne „schschsch…"

Führe die Übung auch zur anderen Seite aus.

ISBN 978-3-8346-2506-9 | www.verlagruhr.de

Storch

Verlagere im aufrechten Stand das Gewicht des Körpers auf den linken Fuß.

Löse den rechten Fuß vom Boden und beuge das rechte Knie.

Strecke den Unterschenkel nach hinten parallel zum Boden.

Beide Knie sind nebeneinander.

Lege die Handflächen vor der Brust aneinander.

Senke den Kopf und schaue auf die Finger.

Mache das Gleiche auf dem rechten Standbein.

Vogel 1

Breite im aufrechten Stand die Arme seitlich auf Schulterhöhe aus.

Stelle dich dabei auf die Zehenspitzen.

Bringe dann die Fußsohlen wieder zum Boden.

Führe gleichzeitig die Arme auf Schulterhöhe nach vorn.

Lege die Handflächen aneinander.

Wechsele die Bewegungen einige Male ab.

Töne dazu „Ah“ und „Oh“.

ISBN 978-3-8346-2506-9 | www.verlagruhr.de

Vogel 2

Lege im aufrechten Stand
deine Hände auf die Schultern.

Die Daumen sind hinten und
die Finger weisen nach vorn.

Kreise so die Schultern mal vor
und mal zurück.

© D. Wolters

© D. Wolters

ISBN 978-3-8346-2506-9 | www.verlagruhr.de

Medientipps

Buchtipps

Weitere Veröffentlichungen von der Autorin Petra Proßowsky:

Kinder entspannen mit Yoga.
Von der kleinen Übung bis zum kompletten Kurs.
5–10 J., Verlag an der Ruhr, 2007.
ISBN 978-3-8346-0291-6

Kleine Yoga-Rituale für jeden Tag.
Mit einfachen Übungen den Schulalltag rhythmisieren.
6–10 J., Verlag an der Ruhr, 2010.
ISBN 978-3-8346-0610-5

Traumgeschichten 1 und 2.
Entspannungs- und Konzentrationsübungen im Grundschulunterricht.
Auer Verlag, 2008.
ISBN 978-3-403-03722-4

Elke Gulden; Bettina Scheer:
Fröhliche Verse zum Kinder-Yoga.
Übungsanleitungen und Entspannungsideen.
Don Bosco Verlag, 2012.
ISBN 978-3-7698-1956-4

Monika Schneider; Ralph Schneider:
Bewegen und Entspannen nach Musik.
3–10 J., Verlag an der Ruhr, 2000.
ISBN 978-3-86072-150-6

Ursula Salbert:
Das Kinderyoga-Spielebuch.
Mit Maus und Biene nach Indien: Spannende Abenteuergeschichten, fantasievolle Yoga-Übungen und 14 komplette Stundenbilder.
Ökotopia Verlag, 2012.
ISBN 978-3-86702-174-6

Musik

Pigband Borste:
Vom Bewegungshit zum Entspannungslied.
Musikalische Rituale für den Klassenraum.
Kl. 1–4, Verlag an der Ruhr, 2013.
ISBN 978-3-8346-2307-2